Ⓢ新潮新書

伊藤洋一
ITOH Yoichi

情報の強者

657

新潮社

はじめに――情報の海で溺れないために

私も実際のところ日々格闘しているのだ。〝格闘〟というのはちょっと格好をつけすぎかもしれない。あまりにも多くなったデバイス（情報機器）や、それが運んでくる情報とどう向き合えばよいのか、常に悩んでいる、試行錯誤をしている、という点では読者諸氏と同じだということである。

たしかにニュースを得る場所は増え、入手の手間は格段にかからなくなった。新幹線や電車はもちろん、自販機までもがニュースを流していることもある。遮断するのが難しいくらいだ。

しかし、何か重要な、長期的に価値のある事柄を見落としている気もする。デバイスに向かい合っている時間の長さの割には、「無駄な時間を過ごしているのではないか」と思うこともしばしばである。

その最大の原因はもちろん、情報を運んでくる手段（インターネット、テレビ、ラジオ、新聞等々）が多様化してきたことだろう。どのメディアも一応の情報、ニュースは伝えてくれる。しかしテレビを見ていると同じようなニュースを繰り返しているだけに感じられるときもあるし、新聞もスマホ（スマートフォン）や携帯電話を使ってネットで見ているので大部分の記事について「既視感」が拭えない。そもそも運ばれてくるニュースが重複している。時間を費やしている割には本当に面白いニュースや有益な情報に出会うことが少なくなった、という気持ちはどなたでもお持ちだろう。

そこで白旗を上げてしまうのは簡単だ。「ニュースはヤフトピ（ヤフー・トピックス）しか見ない」という人が多いのも事実だろう。

でも、それで良いのだろうか。

私たちの目の前に広がっているのは、実に不思議な光景である。本来人間の生活を楽しく、豊かに、かつ多様にするはずの情報やそれを運ぶツールが、その急激な増加・進歩故に逆に我々を振り回している、我々が振り回されている。情報にいつも追われているような強迫観念に悩まされてしまっているのだ。

しかも情報を送る側は容赦なく、手を緩めない。今でも両手で持ちきれないほどあるのに、情報を運ぶツールはこれでもかと進歩し増加する一方だ。各社から次々に発売されるスマホ。それぞれ情報満載だが、今はＰＣ（パソコン）とケータイの中間に位置するタブレット型端末が大幅に増えて、ある時期までは最先端のツールだったはずのＰＣですら退潮気味になっているほどだ。加えてツイッターだフェイスブックだと新しいコミュニケーションツールも増加の一途。それらは情報も運んでくるが、時に煩わしさももってくる。一体どうしたらよいのか。

この状況下、私自身苦闘し続けている。しかしそれでもその「情報」を商売道具として、テレビ、ラジオなど多くのメディアで発信を続けることができているのは、いくつかの原則を持ち、情報に向かっているからだと思っている。

その原則とは「思い切って捨てること」「ループ（思考の輪）を作ること」である。

「思い切って捨てること」については、違和感を抱く読者もいるかもしれない。情報量は多いほどよいのではないか、と。

しかし、ちょっと考えればすぐにわかる。家具やモノが多く、それらが雑然と置かれている家より、不必要なものが捨てられて、少なめのモノがきちんと配置されている家の方が住み心地がよいし、美しい。情報も同じである。情報は頭の中に雑然と放り込んでも何の役にも立たない。それればかりでなく、時間の無駄使いを誘い、我々を惑わし、場合によっては生き方の邪魔をする。家を綺麗にするコツは不必要なものを処分することだが、情報も同じだろう。

では何を捨てるのか、どうやって捨てるのか。それが問題だ。必要なものまで捨ててしまっては本末転倒である。

本書ではまずこの点について論じていく。情報の取捨選択はどうやったら良いのか。むろん捨てるには接しなければならない。持っていないものは捨てられない。この問題は当然、「どのようにして情報を得るか」という問題につながる。

長年情報に携わってきて思うのは、効率的に有用な情報を得る時にも、そして情報を一応頭に入れたあとでも、「捨て方」が非常に重要だということである。

そして、ここで重要なのが「ループ」を意識するという点である。家を片付けるにあたって、要らない物を思い切って捨てたとして、それではまだ住みよい家とはいえない。

残ったものをどのように配置するか、どうすれば快適な家になるか。ここにはまた別の視点が必要になる。ひたすら効率だけを求める人もいるかもしれないが、ある程度「遊び」の部分があったほうが、いい家になるかもしれない。選んだ情報を有効に整理、活用するためには、「捨てる」以外の視点が必要であり、それが「ループ」だと私は考えている。

ある種の人が犯しやすいミスは、ツールに過大な期待をしてしまう、ということだろう。ＰＣを購入したから何とかなる、スマホで能力が向上する、ツイッターで発信力が増す等々、いずれも間違いとはいわないが、少々ピントがずれている。家を掃除する際に、ダイソンの強力掃除機があれば万事解決かといえば、そんなことはない。掃除機があってもダメな人もいれば、ホウキと雑巾だけで綺麗にできる人もいる。

だから、この本では、今現在の私のノウハウを述べるとともに、前述の二つの原則を中心に、より普遍的な情報との接し方を考えていきたい。

何だか面倒くさそうだ、と思う人もいるだろう。しかし、実際には実に楽しい作業なのである。「情報過多だ」「ガセネタが多すぎる」などと愚痴っていても仕方がない。なぜなら我々を取り巻く情報の量は今後とも減ることはない。10年後に振り返ってみれば、「2010年代は呑気で良かったな」と思う可能性は高い。

今の段階で「情報の海で溺れそう」などと弱音を吐いたり、逃げていても仕方がない。逃げても情報そのものは世の中を駆け巡っている。私は、そこから逃げたくない。自分の知らないところで世の中が動くだけなのは悔しくて、癪なのである。

家もきちんと綺麗にしないと、使いづらいし健康にも良くない。

この本は現時点における私の実践的情報論である。あくまでも私自身の体験、経験をもとに論じていくが、皆さんの参考になる部分が多少なりともあれば幸いである。

情報の強者●目次

1　情報の拾い方　15

2 情報の読み方

ループ型をしたアップルの新社屋（模型）（© Landov/ アフロ）

1　情報の拾い方

「特ダネ」が流れるのは午前3時

実際に情報をどのようにして取り入れていくか。ここでは私なりの流儀をご紹介しよう。もちろん、情報との接し方は人によって千差万別。ましてや私のやり方はかなり極端な部類に入るのかもしれない。が、それでも私の毎日の手順の中に、読者の方が「へえ、それは面白い」というものがあれば幸いだ。

まず、私の典型的な1日の流れをご紹介しよう。無論、東京にいるとき、大阪にいるとき、そして国内や海外に出張しているときなど、居場所によってその流れは微妙に違う。通信環境の違いなどが主な原因である。

①午前3時頃に1回目を覚まし、日本の新聞、海外の新聞、マーケットの展開などを寝ころがったままスマホなどでチェック。

②午前4時前、再び眠る。
③午前6時頃に起床。ネットで簡単に情報を収集。そして風呂でラジオを聞きながら（スマホの「radiko」を使用）、新聞一紙を読む。テレビのニュースはたまに20〜30分見る程度。
④ランニングに出かける。
⑤帰宅後、午前8時からNHK BS1の「ワールドニュース」を見る。
⑥気になったニュースのチェック、メールのチェック、返信、原稿執筆などを午前中にする。
⑦午後は仕事、移動の他、海外の新聞をチェック。
⑧夕方〜夜は人と会食などを楽しむ。
⑨帰宅後、就寝。

ご覧の通り、起床時間はかなり早い。午前3時前後には、ほぼ目を覚ましている。ただし、まだベッドの中にいる（私はこれを「薄目あけ」と呼んでいる）。

かなり前からこの習慣を続けているのには、ちゃんとした理由がある。日本の新聞社がその日の朝刊に載せる〝特ダネ〟を、自社のネットサイトに掲載するのが、午前3時以降だからだ。

新聞は配達地域によって「版」が違う。新聞社から遠い地域は締め切りが早く、都心など近距離の地域は締め切りが遅いので、その時間に応じて「版」が変わってくる。お手元の新聞をご覧になれば、1面の上左側余白に、「○○版」と書かれているはずだ。

朝刊の最終締め切りは午前1時45分。都心に配達される最終版であれば、この時間の原稿まではぎりぎり朝刊に掲載できる。大きな事件や事故が起きた時は、この締め切りまで最新情報を入れ続けることになる。ただし新聞協会の申し合わせで、それ以後に起きたことはその日の朝刊には載せない規則になっている（ごくたまに例外はあるが、それは新聞各社が申し合わせて締め切りを延長するという、極めて稀なケースだ）。

大きな災害や重大事件の犯人の逮捕といった、各紙が一斉に報じることについては、新聞を意識する必要はない。テレビを見たほうが速いだろう。私がチェックしているのは、あくまでも〝特ダネ〟の類である。言うまでもなく、〝特ダネ〟とは、一社が、独自に「うちはこんな大きな情報をもっていますよ」と大々的に報道するネタのこと。「スクープ第一主義」は批判にさらされやすいし、実際に、その弊害があることも事実だろう。時に強引な取材の原因ともなるし、「飛ばし記事」を生む危険性もある。しかし、それでも基本的に、〝特ダネ〟が多い新聞は良い新聞だと考えてよいだろう。それは取材力を示すバロメーターだからだ。

記者クラブの存在もあって、とかく横並びになりやすい日本の報道において、他社を出し抜いて、独自の記事を載せるには、記者側の「基礎体力」が必要となる。情報の収集力、分析力、検証力等々から基礎体力は構成されている。そして、その基礎体力は普段の紙面でも必ず活かされているはずだ。

別の言い方をすれば、〝特ダネ〟は、その社の記者たちが頑張っている証拠ということになる。その頑張った成果を、他社に横取りされたらたまらない。各社はお互いに最終版の締め切り前の各版の新聞をチェックしていて、「ネタ」を落としていないかを見ている。もしここで〝特ダネ〟に気づかれたら、後追いされてしまう。

だから各新聞社は、最終版まで特ダネを絶対に載せないのだ。もちろんネットにも掲載しない。逆に言えば、午後10時頃から午前2時頃までの新聞社のネットサイトの情報は、あまり面白くない。この段階では、特ダネは決して載らず、隠されているからだ。

午前3時になると事情は変わる。「他社が絶対追えない時間」だからだ。こうして新聞社のネットサイトには特ダネ、独自ダネが並び始める。それをチェックするために、私は午前3時、薄目を開けるのである。もちろん、これは健康のことなどを考えたら万人に勧められる生活習慣ではない。

ちなみに、この原稿を書いている最中、朝日新聞はネット版に「寺社に油事件、宗教団体幹部に逮捕状　『お清め』と証言」という記事を配信した（2015年6月1日）。全国の寺社で建物などに油がかけられるという謎の事件が起きていたが、その容疑者が固まったという内容で、この第一報は朝日のスクープである。当然、配信時間は「午前3時」ちょうどとなっていた。

朝は「薄目あけ」で頭の準備体操をしておく

他にも早朝のこの時間に目を覚ます理由がある。世界のマーケットをチェックするのになかなか興味深い時間帯なのだ。

日本時間の午前3時は、夏時間の場合ニューヨークで午後2時（冬時間ならば午後3

時)。つまり残り2〜3時間でニューヨークのマーケットが終わるという時間帯だ。まだザラ場(場中)だが、その日がどう終わるかはほぼ予測できる。また、すでに終わっているヨーロッパのマーケットの終値をチェックできる。

慣れてみると、掲載時間が「03:00」となっている記事を読むのは楽しい。日本が寝静まっている時間帯に、世界の市場が動いていることを実感できる。

これをほぼ毎朝、薄目でベッドに寝転びながらスマホでチェックするのだ。別に目覚ましをかけるわけでも、トイレに行きたいから起きるわけでもない。でも、いつの間にか午前3時前後には目を覚ます癖が付いた。

ただし、この段階では頭をフル回転させるようなことはしない。あくまでちらちらと見ておき、うっすらと考えておく、に留める。

よほど気になったことについては、そこで背景なども調べるが、ベッドから起きたくないので、そのままスマホなどのデバイスを利用して検索をする。もちろん、「特ダネ」は毎日あるわけではない。また、新聞側が特ダネだと捉えていても、私にはあまり関係のないものも多い。神社に油をまいた事件は、私の仕事とはとりあえずは関係がないと思う。

それでも時には興味深い記事に出会えることがあるし、なかでも特に面白いと思った記事については、そこで起きて文章を書いておくこともある。HPやブログに掲載するためだが、文章を書くことで、その問題について自分なりに考えをまとめることもできる。20年近く早朝の番組に出演しているため、これに備える意味もある。

薄目でちらちらと情報をチェックした後は、朝の出演番組がない場合はまた寝る。朝6時まで2時間ほど寝ることが多い。

朝6時に起きるのは、朝のランニングのためだ。もう2年ほど続けている。夏でも冬でも、東京にいても大阪でも、そして旅行先でも、歩いたり走ったりしながら、いろいろな情報をリンクさせたり考えたりしている。各地の朝の景色を写真に撮り、フェイスブックなどにアップするのが楽しみな時間でもある。そうした中で、朝にHPを更新する文章を思いつくこともある。最近では、ツールを使って、走りながら思いついたことをしゃべり、音声入力で原稿の下書きを作ることもあるくらいだ。

海外の情報に触れるには

午前8時から見るのは、NHK BS1の「ワールドニュース」（様々な時間帯で流れている）である。世界各国のニュース番組を日本語に翻訳してまとめた同番組で、各国で何がニュースになっているかを確認する（この有用性については後述する）。私は朝8時〜8時50分に見ているが、午前11時からや午後12時25分から、午前5時からなど放送内容を変えて放送されているので、都合の良い時間帯に一度ご覧になってはいかがだろうか。

日本にいると日本のニュースはそれこそ放っておいても、耳に入る。ただし、ニュース（特にテレビ）には、次の欠点（傾向）があることは、常に肝に銘じておきたいところである。

・日本で流通しているニュースは日本のニュースに極端に偏っている。
・朝夕のテレビニュースは、同じ映像を使った繰り返しが多い。

もちろん、日本人である以上、日本のニュースに一番興味があるのは自然なことであるし、テレビにリピートが多いのは彼らなりの戦略やビジネス上の都合によるのは理解している。しかし、受け手の側がこれをそのまま受け取っていては、バランスが崩れてしまう。そういう意味で、1日に何度か放送されるこの番組は、情報のバランスを取るのに最適である。

この後の午前中の時間は主に仕事にあてている。メールチェック、情報チェック、SNSなどへの書き込み、原稿執筆を断続的に行う。移動（新幹線が多い）しながらこれを行うことも多い。

午後は海外の新聞をチェックするのが楽しい時間帯だ。海外の新聞も物理的に締め切りがある。今は海外の新聞は紙をなくしてネット中心にしたところもあり、「締め切り」という概念がなくなりつつあるようにも思うが、やはり紙中心の時代の名残は残っていて、大きなニュースやスクープが発表されるのはこの時間が多い。

ニューヨークの新聞の場合、日本時間の午後12時～午後1時頃に締め切りを迎え、午後3時頃に新しい記事に差し替わる。ニューヨーク・タイムズやワシントン・ポスト、それにウォール・ストリート・ジャーナルなどをこの時間に読む。

昔はこれらを紙の媒体で購読していたが、今はネットで読んでいる。ウォール・ストリート・ジャーナルのように、購読料を払って会員にならないと読めないものもあるが、それとて併せて1ヶ月約2500円程度だから紙媒体の購読料に比べればずっと安い。

海外のソースを当たると、何かしら日本では見られないニュース、ニュース解説、主張というものを知ることができる。これが海外のメディアをチェックするメリットなのは言うまでもない。

デバイスは用途に合わせて複数持つ

ここで、日々の情報収集、発信に用いているツールについて触れておこう。基本的に家にいるときはPCを使っているが、PCを開けないとき、または開きたくないときには、次のようなデバイスを使っている。これもあくまでも、2015年時点で私が愛用しているというだけで、真似をなさる必要はない。

・iPhone

現時点で、iPhoneは完璧な情報デバイスだと思う。メールチェックや情報チェックには欠かせない。

情報発信にも使っている。特にSNSへの投稿や簡単なコメント投稿には便利だ。写真や動画の画素数が重すぎないので、ネットにアップするためにはちょうどいいというメリットもある。本格的なデジカメの写真などは、画素数がやたら多くて逆に使いにくいのだ。フェイスブックへの写真投稿はもっぱらiPhoneで行っている。

そのほかにも実に多様な使い方ができる。音声入力装置に使ったり、マーケット用端末として利用したり。時々ラジオにもなる。これさえあれば、おおかた十分なのだ。

電話機能は使っていない。ごくたまに電話の発信には使うが、かかってはこない。ほとんど誰にも番号を教えていないから……というか実は、私自身もこのデバイスの電話番号は覚えていないほどだ。携帯電話としては別の電子マネー機能付きのものを使う（あとで説明する）。

もう少し私のiPhoneの使い方を披露すると、プレゼンテーション・ツールとして非常に有用だと感じている。これ1台で、あらゆることができる。

比較的高い頻度で私には「講演」の依頼が来る。多い時には「400人の聴衆が相手」ということもあれば、数十人の限られたお客様の場合もあるが、いずれにせよ聴衆に「いかに話題に乗ってきて貰えるか」は重要だ。その時に使うのがiPhoneだ。他のスマホでも同じようなことはできると思うが、私はいままでずっとiPhoneを使っている。慣れていて便利だからだ。

一般に、講演ではプレゼンテーション・ツールとしてマイクロソフトのパワーポイント（パワポ）を使う人が多いと思う。PCをプロジェクターにつなげて室内を暗くして行う例のやつだ。

しかし私は、このパワポを過去10年以上全く使っていない。なぜなら準備の手間がかかるし、せいぜい前日までの情報しか入れられないからだ。しかもパワポのプレゼンテーションは動きがないため、見る方にとって退屈なものになりやすい。パワポを使って、室内を暗くするようなプレゼンは、聴衆にとっては「最高の睡眠薬」だ。

パワポは動画をうまく扱えないのも弱点である。今でもパワポはよく使われているようで、講演依頼先から「動作確認をするので、事前にファイルを送ってくれ」といった依頼を受けることもあるのだが、そもそも使わないから丁重にお断りしている。

iPhoneとプロジェクターを結ぶには、アップルショップや家電量販店に行けば３０００円前後で売っているコネクターを使えば十分だ。これさえあれば、iPhoneとプロジェクターは非常に安定的につながる。失敗したことはない。つながればiPhoneで見られる画像、動画は講演会場のスクリーンに簡単に映し出せる。

私はこのやり方をもう10年近くやっているのだが、未だに「スマホでのプレゼンは初めて見ました」と講演依頼者から言われる。実に驚きだ。

さらにiPhoneが便利なのは「株価」という既定の相場アプリを使えば、簡単に過去10年の各種（自分で構成することができる）の相場（株価、為替などなど）チャートが出せることである。パワポでチャートを作ることはやったこともあるのだが、実に面倒だった。ところが、iPhoneがあれば、各種相場チャートは完全にスクリーンに展開できる。相場も15分前までのものが刻々と提示される。実にリアルだ。

加えて動画が有用だ。私のiPhoneには自分で撮影した動画が一杯保存してある。旅行先ではもちろんのこと、普段の生活でもちょっとしたことを動画で記録するようにしている。たとえば、新しい車を買えば、その動画も撮影してみるという調子である。この動画と共に、今までの車との違いを述べてみたりするのだ。

また、許諾がいるのであまり使わないが、自分が出たテレビ番組のデジタル・ビデオも一杯ある。それらは講演を多彩なものにするのに有用である。

さらにネット上のユーチューブ動画なども使えるモノは使うケースがある。講演会場のスクリーンには普段使っているスマホ画面を全て表示することができるので、自由自在だ。それがまだ「珍しい」と言われるところを見ると、世の中ではまだ私以外にやっている人は少ないのかもしれない。

・AQUOS PHONE

2台目のスマホとしてAQUOS PHONEを持っている。「2台も必要ないだろう」とよく言われるが、これはこれで欠かせない。通話の他、スイカ、ID、エディーなど電子マネー利用をもっぱらこれで行っているからだ。

AQUOS PHONEの魅力は使われている「IGZO」というシャープ独自の最新技術である。この技術のおかげで従来のスマホと比べ、電池の持ちがアップした。スマホの欠点の一つはすぐに電池がなくなることだが、この機種を持ってからは、そのイライラから少し解放された。

iPhoneはａｕ、AQUOS PHONEはドコモと、機種によってキャリアも分けている。だから片方の電波がつながりにくい場所でも、もう一方で代用できる。ａｕも一頃よりは通信状況がよくなったとはいえ、私の実感としてはまだドコモのほうが電波状態が良い。そのため、他の端末を使う際のテザリングマシンとして使うことが多い。

今はこうしたデジタル・ガジェット（私は最近これらを〝お手元デバイス〟と呼んでいる）の種類が多い。どれを使っていいか迷うこともあるだろうが、１台しか持たない場合は、自分がもっとも重要視している機能を優先するのがいいだろう。

ただ、究極的に言えば、スマホは何を使っても一緒である。情報を届けてくれるアプリは、iOSでもアンドロイドでも、機能はほとんど同じだからだ。私の場合は、もともとこうしたガジェットが好きなのと、仕事上の都合もあって様々な新製品を試してみたりもするが、普通はあまり深く考えずに一般的な機種を選べばいいのではないかと思う。

その他、私が出歩くときに持っている便利な〝お手元デバイス〟を紹介したい。

・iPad mini

普段は持ち歩かないが、出張時や講演をするときに必ず持っていく。

このデバイスと専用のアダプターがあれば、プロジェクタースクリーンに画像や動画を映し出すことができるからだ。これが講演やプレゼンのときには非常に便利だ。iPhone 6Sでも同じことができるが、スクリーンに映し出すなら iPad mini の方が使いやすい。デフォルトの画面が横長で見やすいし、iPhone の画面では投影した時、画面が細くなって大きな会場ではちょっと窮屈だからだ。

デバイスとしては以上がメインで、他にもソニーのリーダーやシャープのガラパゴスなども持っているがあまり使っておらず、家に置いたままだ。その他にまだ使っているのは、電話契約を解除した iPhone 6である。iPhone 6Sを充電中であるとか別の用事で使っているときに、6の方で写真を撮ったりして Wi-Fi モードで家の中で使っている。電話としては使えなくても、「radiko」や「らじる★らじる」（どちらもラジオを聴くアプリ）用の端末として、カメラや計算機として等、いろいろな使い方ができる。メールの送受信も Wi-Fi で問題なくできるので便利だし、いざ使わなくなったら下取りに出せば良い。今はドコモ、ソフトバンク、ａｕでも比較的高値で下取りしてくれる。

情報の受信・発信に使われる新しい物には常に興味を持つようにしている。根が新しもの好きゆえだが、その興味によって情報の受信・発信がもっと楽しくなる可能性があるからだ。実際、今でも新しいガジェットが出るとまず入手してみて、本当にどの機能が新しいのか、面白いのかをチェックするようにしている。

手元にある中で、最も新しいガジェットはアップルウォッチで、これは便利だ。欧米の主要新聞が読めるし、自分の運動量もチェックできる。メールもＬＩＮＥ（ライン）もこれで受信することがあるし、時々発信にも使っている。電話もできる。

また、ガジェットとはちょっと違うが、ＦＣＶ（燃料電池車）ＭＩＲＡＩも２０１４年に発売早々、発注した。２０１５年７月末に納車され、今使っている。こうしたものを実際に使ってみることで、技術の進化を実感することもできるし、逆に不便さも実感できるようになる。それをまた、原稿や番組でフィードバックしているのだ。

不必要な情報を拾わない

ここまでに述べた私の１日は、一般の学生やビジネスマンの日常とはかなり違うかもしれない。あくまでも情報発信を生業としている身として、限られた時間でいかに有益な情報を得るか、そして不必要な情報を捨てることができるか、格闘し続けながら編み出したスケジュールである。

私は、1週間（168時間）の動きを30分で解説する番組（ラジオNIKKEI「伊藤洋一のRound Up World Now!」。この番組はポッドキャストでも丸ごと配信していて、おかげさまで多くの方に聴いてもらっている）を持っている他、レギュラー番組も4本以上ある。それぞれの番組は、色合いも違えば視聴者も異なることが多いので、情報をいろいろな角度から解説する必要があるし、番組収録や移動時間などの時間的拘束も馬鹿にならない。定期的に書く新聞・雑誌・ネット原稿も多い。

だから、空いた時間に情報をチェックしなければ、とても追いついていかない。ロケ撮影をするバスの中、撮影の合間、週1回ペースで往復している東京と大阪間の新幹線移動の最中にも、合間を縫って何が起きているかをチェックしたり、本を読んだりしてインプットするよう心がけている。今では新幹線の中は、私にとって小さな書斎のようで居心地が良い。

一見すると、まるで情報に追われているように思うかもしれない。しかし、私自身には実はさほどあくせくしている実感はない。夕方以降は、食事や会話に時間をたっぷり割《さ》いているからである。

それが可能なのは、「不必要な情報を拾わない」ということに主眼をおいているからだろう。

雑多な情報をどんどん獲得し、あとから取捨選択するというのでは、とても時間が足りない。むしろ情報を得る段階から情報を制限し、質のいい情報だけを一番いいタイミングで取り入れるよう心がけている。「取水制限」ならぬ「取〝報〟制限」だ。

前述の私のタイムスケジュールは、これを徹底するためのものだ。意識的に情報の取水口を制限しなければ、「重複情報をチェックする」結果となってしまう。

今の世の中、情報の〝量〟だけは凄まじい。そんなのに全部まともに付き合っていたら、体がいくつあっても足りない。

制限のための具体的な方針については、後述する。

本にはまだメリットがある

ここまでの説明では、情報の主なソースとしてテレビとネット（新聞のサイトなども含む）を取り上げてきたが、今でも私は本を重視している。

紙であっても、電子書籍であっても構わないが、本は依然として情報を得るには有効なメディアである。たしかに、スピードの面ではネットやテレビ、新聞には敵わないし、読むのに時間がかかるというのはデメリットかもしれない。しかし、それを補って余りあるメリットがある。その点について、特に若い世代は意識が薄いように思うので、本のメリットについて述べておこう。

①一人の著者が一つのテーマについて、余すことなく書いてある。

雑誌のインタビューや短い記事は、編集側の都合で切り取られ、編集側の視点で解釈される。1時間取材を受けたとしても、取材者にとって都合のいい、ごく一部だけが抽出されてしまうなんてことはザラである。思いつきで言った一言や、深め切れていない思考が表に出てしまうこともある。

私も仕事柄、インタビューを受けることがあるが、あとで記事を読むと「言ったこととニュアンスがかなり違うなあ」と思うことも少なくない。結論だけを求められることも少なくなく、詳しい説明は省かれてしまう。本当は、その結論までに至る過程の部分にこそ、オリジナリティがあるのだが……。

一方で本は、一人の著者が熟考を重ね、思考を深めた末に辿《たど》り着いた見解、論理を読むことができる。著者がなぜそのような考えに至ったのか、その思考のプロセスもわかる。インタビューでは落とされてしまう、細かなディテールや小さなこぼれ話まで書かれているのも面白い。

②そのテーマについて要領よく学習できる。

私がよく読むのは新書だ。この本が新書だからお世辞を述べているわけではない。一つのテーマを一人が思考するとき、新書くらいの分量がちょうどいいように思うのだ。新書1冊は、大体、新幹線で東京―新大阪間を移動する2時間35分の間で読み終えることができる。これ以上の分量になると、ちょっと専門的すぎるので、いささか「重い」と感じてしまうというのが正直なところだ。

もっとも、2時間半ほどで読み終えられる情報量は侮れない。仮にその内容を講演会で聴こうとしたら、ゆうに5～8時間くらいはかかるのではないか。新書1冊を聞き書きで作る際には、10時間くらいはインタビューをするそうだ。

同じ内容をテレビ番組にしたとしても、それを見るのにはかなりの時間がかかる。それを考えると、実は要領よく学ぶのに、本はとても有効なメディアなのである。

③その著者の思考パターン、論理がわかる。

専門的な知識を大量に仕入れるには本が適しているというのは、言うまでもないことかもしれないが、それだけでなく、その著者の思考パターンやロジックを知ることができる点も大きい。

たとえば、『バカの壁』で知られる養老孟司氏の本を読めば、どういうことがわかるだろうか。医者であり、解剖学者であり、昆虫にも詳しい著者だから、それぞれの専門知識を得ることもできるだろう。しかし、それだけでなく、そうした幅広い知識や教養を持つ人が、どのような思考のプロセスを辿るのか、その結果、どのような深く広い思考に辿り着いたのかも、垣間見ることができる。これは知的興奮を伴う体験でもあるし、何より面白い。

そして、これは後述する思考のループを作る上でとても役に立つ。論理的思考というものは、それを身につけようとして身につくものではない。「論理的思考力ＵＰ！」を謳《うた》い文句にするような本を熟読しても、あまり意味がない。

論理的思考力は様々な先人や知識人の、それぞれの論理に触れ続けることで、自らの脳内に蓄積され、熟成されていくものである。「古典を読め」と言う人が多いのは、何も「俺は難しい本を読んだんだぞ」と自慢したいからではない。古典は、長年の風雪に耐えるような「論理の力」を持っていることが多く、それを読むことで自然と、その力を自らに蓄えることができるからだ。

④その情報を持つ人の人数が意外と少ない。

意外と見落とされがちだが、ネットニュース編集者の中川淳一郎氏が強調しているポイントでもある。かつては10万部とされたベストセラーの条件は、最近では5万部くらいになったようだ。もちろん5万部売るのはとても大変なのだが、あえて言えばベストセラーですら5万人「しか」読んでいないことになる。

ましてや普通の本ならば数千人しか目を通していないことが多い。現在、多くの本の初版は1万部以下で、3000部程度のものも珍しくないのである。ヤフー・トピックスを数百万人、テレビのニュースを数千万人が消費していることを考えれば、圧倒的に少ない。

これは本を書く側から見れば歓迎すべき状況ではないのだが、一方で受け手にとっては「おいしい」状況だとも言える。本を読むということは、人数を限定した会員制の情報に接しているのと同じようなものである。世の中の他のものと同様、希少性は価値を持つから、その意味では本から得る情報は貴重だということになる。

しかも、「マル秘情報」を売りにした会員制の情報誌などとは異なり、本にはある程度の信頼が置ける。もちろん怪情報と変わらないレベルの本も多くあるが、信頼度は著者の経歴や版元を見れば、ある程度はわかる。そのあたりを見分ける訓練くらいはしておいたほうがいいだろう。

ちなみに、私は仕事柄、書籍の他に経済関連の専門誌に目を通すことも多い。金融やＩＴに特化した専門誌だ。どうしても週刊誌のような総合雑誌は、時事的なもの、読者ウケするものを選んだ結果、広く浅いテーマになり、内容も横並びになりがちだ。

しかし、専門誌は読者やテーマが固定化されている分、内容は深く先進的だ。テレビや新聞などではあまりにお目にかかれない、業界内の新しい流れやディープな話を知ることができる。「週刊東洋経済」「週刊ダイヤモンド」などの気合を入れた特集記事ならば、本1冊分に近いくらいの情報がある。しかも、本と比べると情報は新しい。本の場合、相当なスピード出版でも入稿から刊行まで1ヶ月以上はかかるのが普通であるし、通常は3ヶ月はかかる。

専門誌を定期購読はしないまでも、興味のあるテーマの時には購入してみたほうがいいと思う。

また、頭のリフレッシュのためには、業界紙や業界誌を見てみるのもいいだろう。「捜査研究」「月刊住職」等々、大型書店ならば手に取ることができるはずだ。「捜査研究」は、タイトル通り、警察の捜査や刑法に関連した最新の情報が詰まっている雑誌だが、ミステリ作家たちも「ネタ元」にしているそうだ。

なお、私は電子書籍をほとんど読まないのだが、これは単純に紙のほうが読みやすいのと、電子書籍の場合、読みながら眠ってしまった場合に端末を顔に落としてケガをしそうだからである。

人に会うことこそ情報だ

ビジネスマンや学生の中には、夜にその日のニュースなど情報をチェックするという方も多いだろう。NHK「ニュース9」、テレビ朝日「報道ステーション」、テレビ東京「ワールドビジネスサテライト」などはそうした需要を見込んで作られている。

しかし、実は私自身は、夜の時間のテレビを情報のまとまったチェックには使っていない。夕方から夜にかけては、これまで得た情報を元に、ブログやHPなどの更新をする以外には、なるべく会食などで人に会うようにしている。

私の感覚から言えば、この時間帯は、もっとも新しいニュースが少ないからだ。日本の経済活動はクールダウンし、海外、特にアメリカの夜明けは日本時間の夜が進んでから（夜9時～10時）だし、日本の昼間のニュースはそれまでの間に随時チェックし終えている。

たとえば「報道ステーション」で取り上げているニュースのほとんどは、昼間のうちにネットでチェック済みのものが多いはずだ。「独自取材」の中には有益なものもあるだろうが、一方で、単なる「ミニ・ドキュメンタリー」のようなコーナーの多くは、これならば新聞の特集記事で十分というものも多い。

夜は会合、会食で、デジタル情報ではなく対面での情報のエクスチェンジを楽しんでいる——と言えば恰好いいが、要するに馬鹿話をしていることが多い。だが、これが重要なのだ。

結局情報を生み出しているのも、運んでいるのも人間である。ニュースには自然界の話題、動物の話題もあるが、それを取材し、編集しているのは人間。

もちろん、自分で目にする花鳥風月の様子だって情報の一種ではあるし、そうした感性は大切なのだが、日常、特にビジネスに直結する情報のほとんどは人間からである。だから色々な人と話をする時間があった方が良い。

相手は目の前の会食相手に限らない。

私が好んで行くカウンター割烹であれば、板場の人から聞ける話もまた面白い。余談ながら、カウンター割烹は日本独自の誇るべき文化である、というのが私の持論で、そのテーマで1冊書いたことがある（『カウンターから日本が見える——板前文化論の冒険』新潮新書）。

同じ店に通い続けると、店の対応が良くなるといったメリットがあるのはもちろん、情報収集という観点でも意味がある。店のお客さんの変化（性別、年齢、人数、国籍等々）が自然とわかる。それは社会の変化を示しているかもしれない。

食事の帰りにはタクシーの運転手さんから今の自分周りの景気をどう考えているのか聞くのもいいだろう。私は、とりわけ彼らを貴重な情報源だと考えている。

彼らは毎日、非常に大勢の人を乗せている。人の動きを知っているのだ。車の流れや量はこの人たちが一番知っているし、どのような人がどのような形で乗るかがわかる。実際に、彼らの話は、「景気ウォッチャー調査」の重要な要素になっているくらいだ。

私は街歩きが大好きだが、街を歩けば経済の変化がわかる。どの店が潰れたのか。そのあとにどのような店がオープンしたか。どの店にどのくらいお客さんが入っているのか。何曜日に人が多いか。何時がかきいれ時か。

全国でシャッター商店街になっているところにはどんな特徴があるのか。その街を歩いている人は総じてどんなものを着ているのか、年齢層はどのくらいか。

メディアを通じて得る情報とは別に、自分自身の目と耳で常に直接情報を仕入れている。これが実は、公の経済統計よりも重要になってくることがある。

私は「経済の強さも弱さも街並みに表れる」と考えている。そういう意味で主要都市は常に「定点観測」の対象である。

大阪の心斎橋筋を例に挙げてみよう。仕事で通っている大阪は、大都市とはいえ、東京とはまた違う傾向があり、観察するだけでも面白い。

心斎橋筋に入ると、まず歩いている人の数に注目する。次に、どのような人が歩いているかを見る。若者の割合、老人の割合、外国人の割合、それぞれのファッション、手荷物等々。さらに、沿道で入れ替わった店はないかどうかを見る。また、並んでいる店の何割くらいがセールをしているかを見る。その過程で、店に並んでいる商品にも目をやる。この筋を歩いていると今日本で起きている事との関連が多くて面白い。

そうやってずっと見ていると、ある時期から、人並みが厚くなったことに気付いた。飛び交う会話を聞いていると中国語など外国語が多いことに気付く。そういえば日本人の若者とはどこか歩き方や所作が違う。

「しかし、今、中国と日本は関係が悪いから、街を歩いているのは中国人でも台湾か香港からの人が多いのではないか」

疑問が浮かんだら、すぐに人にぶつけてみる。宿泊先のホテルのフロントマンに聞けば一発だ。

「たしかに香港、台湾の人が多いのですが、大陸の方もご家族では結構来られておりま す」

もちろん、海外の観光客が増えているというニュースは今では別に珍しいものではない。しかし、そうしたニュースが流れるよりもかなり前の段階で、私は実感としてそれを察知できていたと思う。新聞やテレビでも、円安効果などで海外観光客が増加しているニュースは流れるが、そこには実感がない。自分の眼と耳から仕入れた情報には実感が伴う。

世の中の動きは統計や新聞記事等で後から確かめられるが、その前に「兆し」をつかむことが大切である。また実感を伴うと、その後の情報の受け取り方も変化してくる。

一時期、よく「ユビキタス」という言葉が使われた。平たく言えば「いつでもどこでも」ということだろうか、「ユビキタスネットワーク」と言えば、どこでもネットワークを用いることができる、といったイメージである。

情報とはまさにユビキタスなものである。情報は紙やディスプレイの上にもあるが、それだけではない。食事相手、板前さん、タクシーの運転手さん、街の景観、歩いている人たち、店の様子、すべてが貴重な情報源である。夜の時間の会食は、私にとって楽しみであると同時に、「生きた情報」を手に入れる格好の場なのである。

「電車でスマホ」の功罪

ほんの数年で、スマホは驚異的なペースで普及した。

電車に乗っても、一つの車両の中で誰もスマホをいじっていない光景を目にすることはないのではないか。目の前の列の全員がスマホを手にしていることも珍しくない。

一昔前ならば、新聞や文庫本を手にする人がもっといたと思うのだが、明らかにそういう人は減っている。

前述の通り、私はiPhoneは現時点で完璧に近い情報ツールだと考えている。だから普段も愛用しているし、スマホで情報収集をしている人を否定的に論じられる立場にはいない。

ただ、それでもちょっと気になるのは、本当にそこまで見続ける必然性があるのだろうか、という点である。自身の定めたルール――たとえば通勤中には○○新聞のサイトをチェックする、といったこと――に従って、スマホを見ているのならば問題ない。

しかし、惰性でいじっていて、「情報を摂取したつもり」になっているだけ、ということはないだろうか。本来、別にニュースをチェックしなくてもいい時間帯にもかかわらず、何となく手持無沙汰で見てしまう。ついついＬＩＮＥやツイッターを見てしまう。

多くの場合、それで得た情報は、すでに見たものであったり、どうでもいいものであったりするのではないか。そういえば、先日テレビを見ていたら、ある有名な芸能人が、「最近は問題なく電車に乗れるんですよ」と言っていた。「皆が下を向いて周囲を見ないので、昔のように気付かれない」と。笑えた。

芸能人に気付くべきかどうかはさておくにしても、無駄にスマホを相手にしているくらいならば、電車内を観察して情報を得たほうがいいのではないか、という気がする。

街の中と同様に、電車内もまた情報の宝庫である。

夏にネクタイのサラリーマンが減ってきたことから、クールビズが完全に定着してきたことを感じることもできる。

若い女性のメイクが変わってきたことで、新しい流行を見てとることもできるだろう。

赤ちゃんを連れた母親が、いつの頃からか「おんぶひも」の代わりに「だっこひも」を使うようになったことも、観察していれば一目瞭然だ。あのひもは「エルゴベビー」といって、若い子育て世代にとっては必需品（しかし、それ以外の世代の者はまったく知らないもの）だそうだ。

もちろん、雑誌の中吊り広告などを見ることで、その時、どんなニュースが「売れ線」だと考えられているかがわかる。それだけではなく、車内の中吊りに「自社広告」が多い路線ならば、「この路線は広告が集まりにくいのだな」ということが推察できる。

さまざまな世代、性別の人を遠慮なく（限度はあるにせよ）観察できる機会はさほど多くないのではないか。そう考えると、「人間ウォッチング」ができる電車もまた、貴重な情報収集の場である。

繰り返すが、「電車内でスマホを見ること」が貴重な情報収集の時間である、と決めているのならば結構な話である。

しかし、漫然といじっているのだとすれば、もったいないことをしている可能性があるのではないだろうか。

自分にとっての「ラクダ」を探す

目に入ってくる映像の全て、肌に感じる空気や風などの全て、耳に聞こえてくる小鳥のさえずりから街の騒音、口に入るもの——全ては、実は我々にとって非常に重要な〝情報〟となりえる。

静寂だって情報だ。いつもは賑やかな街が異常に静かだったら、何かおかしな事が起きていると思わないといけない。イヤホンをしてスマホをいじりながら歩いていては、異変に気付くことはできない。

情報のうち、メディアを介して得るのはごく一部に過ぎない。そんなことは誰もがわかっているはずだ。

しかし、メディアから大量の情報を摂取していくうちに、何となく情報というものを「メディアが運んでくる物」だと捉えてしまうようになりがちだ。そういう「情報」は我々を取り巻く全情報のごく一部にすぎない。それを忘れないようにするという意味でも、毎日「メディアが運んでこない情報」を取り入れる癖をつけたほうがいいだろう。

よく言われる話だが、ラクダと生きる民族は、ラクダに関する様々なる言語を持つ。言語を持つということは、ラクダに関する情報が分化しているということだ。たとえば、普段ラクダを使わない日本人には、「ひとこぶラクダ」と「ふたこぶラクダ」の違いくらいしか分からないが、彼らはその呼び名だけで数百通り、一説には数千もの言葉を持つのだという。それは彼らにとっては極めて有用な情報であるが、私たちにとってはほとんど無意味な情報でもある。

もちろん、何が必要な情報となるかは、その人の仕事、住む場所、環境にも左右される。人がどこに住むか、何を手段として生きているかによって変わる。

何が自分にとってのラクダなのか。そのことを常に私たちは意識しておく必要がある。そればかりは、他人に聞いてもわからない。

2　情報の読み方

新聞は遅い。が、侮れない

新聞は、長年我々が〝情報源〟としてもっとも慣れ親しんできたメディアである。歴史を振り返っても、長きに亘り、新聞は「情報伝達の王様」だった。20世紀の初頭にラジオが、第二次大戦後にテレビが、そしてネットが登場したことにより、今やその地位は相対的に低下はしているものの、それでも新聞社は有力な情報を提供する数少ない存在だ。

そもそもテレビやラジオも、ニュースのソースを新聞に頼っていることが多い。ニュース番組を見てみても、ほとんどの番組に「新聞紹介コーナー」があり、新聞をそのまま読み上げているのが現実だ。この状態は今後もしばらく続くだろう。

情報伝達のスピードにおいて、地位が格段に低下したことは否めない。もともと新聞は「紙に印刷して配布する」というメディアである。しかし今やそのコンテンツのほとんどが、紙の新聞が出る前にネットに素早くアップされる。結果として新聞社の通信社化が進んでしまった。

だから私たちは紙面が届く前に、ネットで記事の大部分を読み終えることができる。各社の記事は、本紙のサイトだけでなく、ヤフーニュースやスマホアプリなどを通じて配信され、あっという間に拡散されていく。朝刊を手にとって記事を見ても、「どこかで見た気がする」という気になったとしたら、前の晩にネット経由で見たのと同じような内容だからだろう。既視感があるのは当然である。

紙の新聞には締め切りがあり、1日に2度しか更新されないというのも、紙の媒体の弱みだ。通常、朝刊には午前1時以降のニュースは載っておらず、それ以降に起きたことは夕刊に回されてしまう。朝刊に書いてあることは、朝にはすでに「過去の事」となっていることも多い。

しかし世界は24時間動いている。ニュースの「鮮度」において、ネット、テレビ、ラジオの方がはるかに有利であり、新聞を読むと常にこの古さが気になるのは事実である。そういう意味では、新聞は常に「delay する（遅れる）」メディアという運命を背負っているのだ。

内容においても、ネットが紙を凌駕している面もある。記者会見の全文が掲載されていたり、紙面に載らない連載が組まれていたりするし、過去の記事を遡ることもできる。つまり、情報の量においても、扱う範囲においても、紙の新聞の優位性はどんどん低くなっているのは間違いない。

かつてのように「新聞を読まない奴はだめだ」というのは必ずしも常識ではなくなっている。ましてや新聞を読むのが趣味というのならともかく、忙しい中、毎日紙面を隅々まで丁寧に読む必要はない。

ただし、全然読まないという選択はしないほうがいいように思う。速報性に欠けるというデメリットは意識しつつも、目を通すようにはしたほうがいい。それはニュースの「質」の面では侮れないからである。

新聞はプロの記者や編集者が「ニュースの目利き」として日々訓練を積み、文章を研ぎ澄ませながらニュースを発信するメディアである。他のメディアはなかなかこの手間をかけられない。新聞社から出てくる記事が相対的に信頼できるものが多いのは当然だ。だから私も、新聞社が伝えるニュースや解説に一目置いている。

近年、新聞記事の正確性に疑問を呈する向きが多いのはよくわかる。実際に、すべてを信用していいかといえば、そんなことはない。しかし、それでも情報の正確さから言えば、他のメディアと比べてもまだ優位にあると考えていいだろう。

「朝日の誤報問題はどうなんだ」と思う方もいるだろうが、あれが大ニュースとなったことは、逆に今でも新聞の信頼性が高いことを示していると考えたほうがいい。いかに信頼度が低下したとはいえ、誤報が問題視されるというのは、それが稀なことだという認識が前提になっているからだ。こう言っては何だが、東京スポーツの「飛ばし記事」は誰も問題にしていない。「アメリカ大統領と宇宙人が会談したなんてウソじゃないか！」と怒る人は大人気ないとしか言いようがないのである。

ネットなどで、新聞報道の欠点や偏向を指摘する言説は多い。しかし、それらもよく読むと、別の新聞報道をソースにしていたりすることもある。

新聞はニュースの配置を読む

紙の新聞がネットのニュースよりもすぐれている点には、「ニュースの配置」を一覧できる点が挙げられる。新聞では長いキャリアを持った「ニュースの目利き」が、各ニユースをランク付けし、段数（記事の量）や位置を決めている。

私は新聞を読むとき、その新聞が何を1面トップにもってきているのか、自分がすでによく知っているニュースを各社がどう位置づけているか、逆に自分の知らないニュースをどう位置づけているのかに注目するようにしている。

社会、政治、芸能、スポーツなど、いろいろなジャンルにおけるランク付けも面白いし、自分のランク付けと比べる楽しさもある。新聞が何種類かあるときには、各紙を比べて配置を比較する。中味を読む前に、その配置を楽しむのだ。

ニュースの重要度に関する判断には違和感を持つものも確かにある。しかし、それはあくまで私個人の見方だ。数百万単位の発行部数を持ち、多くの読者を抱える「大マスコミ」の見方というものを、ひと目で視覚的に直感的に知ることができるという意味で、新聞の紙面に示される「配置」は非常に興味深いのだ。

一方で、ネットではニュースの出し方のほとんどが、「時間」に依存している。新しいニュースが常に上に表示され、古いニュースはどんどん押し出されていく。ニュースの内容ではなく、「新しさ」こそに価値が置かれている。

一つ一つのニュースには、配信された日付だけでなく、時刻が付記されている。時刻によって、そのニュースの評価や読まれ方は大きく左右される。配信時刻のないニュースは、情報としての価値を持たない。午前と午後、12時間毎に更新される紙の新聞とは、そもそも情報の価値の質が異なるのだ。

お気に入りの新聞を作らない

「新聞は常時複数読め」

これは、ビジネスパーソンの嗜みとして昔からよく言われてきたことだ。今でも日経と一般紙を併読している方も多いだろう。しかし、ニュース情報の発信元がほぼ新聞に限られていた昔ならばいざしらず、今はさして意味がないと私は思っている。

たしかに日本の新聞はそれぞれ主張や立ち位置はばらけている。それでも多くの記事は似通った内容になっている。事件、事故のニュースや官公庁の発表を元にした記事に、そう顕著な特徴が表れるはずもない。大きな事件が起きた時には、テレビやネットにも山のように情報があふれる。だからこそ、同じような情報を複数の新聞から取るのは無駄なことなのだ。

　私は、紙の新聞は朝の番組出演の前や、たまたまホテルのロビーなどにいて、読む時間がある時には何紙か目を通すが、その他はせいぜい読んで1日に1紙程度という感じだ。

　この時に心がけていることがある。「お気に入り」を作らずに、なるべくいろいろな種類の新聞を読むようにしているのだ。例えば昨日、産経新聞を読んだら、今日は東京新聞を読む。なるべく個性の強い新聞、カラーの異なる新聞を読むことで、その違いを楽しむのだ。

　日本では往々にして、アメリカやイギリスのように社会的階層で読む新聞が変わるのではなく、考え方や思想によって新聞を決めているケースが多い。産経新聞や読売新聞は保守的な見解を持つが、そうした見方に賛同する人々はこの2紙を読むケースが多いのだろう。一方で、朝日新聞や毎日新聞、東京新聞の記事の傾向はどちらかと言えば左翼的で、これを好む人もいる。

「朝日を読んでいたら、イライラしてくるので、産経か読売を読むようにしている」といった人の気持ちもわからなくはない。

　たしかに気の合うタイプの新聞を読んだ方がストレスは減るかもしれないが、それは知的刺激に欠ける姿勢だとも言えるのではないか。

ただし、だからと言って、毎日記事をいちいち比較することはない。各紙の論調を自分なりにおおよそ把握した後は、〝浮気性〟を大いに発揮したほうがいいと思う。もちろん、自宅で取る場合には、「気の合うタイプ」を選んでいても問題はない。毎朝イライラする必要はないのだから。

テレビとはなるべく付き合いを少なくする

テレビのニュースには強い力がある。活字で何度読んでもイメージが湧かないことが、たった数秒の映像でそれを伝えられる。現場の様子や迫力も伝えられる。たとえ、それが現実世界のごく一部の「切り貼り」であったとしても、映像の力はすさまじい。特に災害などの報道において、映像に勝るものはないだろう。

しかし普段の生活で、ニュースを見ていると、同じ内容を1日に何度も放送していることに気付くはずだ。番組や時間帯が変わるごとに、少しずつ映像を入れ替えたり、新しいデータを入れたりしているが、多くの場合は「使い回し」である。たとえ局が違ったとしても、同じ場所で同じように撮影したものにはほとんど差がない。

テレビ局は、一度ニュースのVTRを作ると、よほどのことがない限り作り替えない。たとえばプロ野球だったら、試合直後に作られたVTRが、当日深夜のスポーツ番組でも、翌朝の情報番組でも、夕方のニュースでもそのまま使われる。

もちろん、わざと使い回しているとも言える。「一度放送したらもう流さない」のでは、多くの人は見逃してしまうからだ。

私は長く出演していたのでよくわかるのだが、特に朝の番組は意図的に「繰り返し」で作られている。午前6時に起きて7時に出かける人もいれば、午前7時に起きて8時に出かける人もいるので、午前6時台に流したニュースを午前7時台にはもう流さない、ということはできない（そのため私たちコメンテーターは、毎回少しずつでも視点を変えてコメントしようとする）。

だからこそ、視聴者自らがテレビの前から退散しなくてはいけない。はっきり言ってニュース番組は午前と午後（夜）で各30分も見れば十分である。

また、ニュースの配列は「逆三角形構造」をしている。重要なものほど順番が早く、ボリュームが多い。最初のほうはきちんと見る価値があるが、後半になるにつれて価値は減っていく。食べ物や旅行、動物など、時間を埋めるだけのいわゆる「暇ネタ」の割合も多い。ヒマでニュースを見るのが趣味、という人でない限り、番組全てのニュースを漫然と見る必要はない。

毎年恒例のニュースはすぐ捨てよう

「毎年恒例」の行事などを伝えるニュースは、年単位で「繰り返し」「使い回し」をしているようなものだ。代表例がお祭のニュースだろう。毎年同じ時期に同じように行われるお祭が、同じような映像と表現で報じられる。「ねぶた祭り」だろうが「だんじり祭り」だろうが、去年の映像を使ってもおそらく視聴者は気づかない。これはテレビに限った傾向ではないのだが、特にテレビの場合は、そういうものをトップ扱いにしたり、長い時間を費やしたりする傾向があるように思える。

同じような例は他にもたくさんある。お正月になれば「福袋争奪戦」、春に、

「お花見の場所取りトラブル」を取り上げる。

お祭を取り上げたい気持ちはよくわかる。状況を切り取るだけで絵になるし、簡単に取材できるし、前から予定も決まっているから、時間を埋めるにはうってつけだ。もともとニュースが少ない地域にとっては、数少ないビッグイベントだ。「ニュース砂漠の中での慈雨」とも言えるし、送り手側からすれば番組内の緩急をつけるという意味もあるのだろう。心を痛めるようなニュースが多い中での、つかの間のほっとする時間を、という意図が作り手側にはあるのだろう。しかし、毎年繰り返されているこうしたニュースからは、有益な情報はほとんど得られない。せいぜい季節感を感じるくらいだろうが、そんなものは自分の体で感じとればいい。

いずれにせよ、目にしてすぐに頭の中から消し去るようにしていい情報である。頭に残すのも記憶の無駄というものだ。こうしたニュースが自分にとって価値ある情報となるのは、他の発想や思考のヒントへとなる時だけだ。

本来ニュースとは、これまでと違う新しい情報、広く伝える意味のある情報だ。ところが、テレビや新聞を見ていると、古臭くてお決まりの、伝える意味の乏しい情報が「ニュース」として罷《まか》り通っている。

そんなニュースや情報はあまり真剣に見ないほうがいい。見たとしても意識から捨てるという気持ちでいたほうがいい。見た直後に「これは捨てよう」と意識するくらいの習慣を身に付けてもいいくらいだと思う。

こうした情報が、頭を余計な記憶で溢れさせ、新たなものに対する関心を奪い、我々の思考のリニューアルを妨げているからだ。

名前の通り、「ニュース」は新しくなければいけない。だから、「ニュースは陳腐化する」という表現は矛盾しているのかもしれない。そもそも「陳腐化したニュース」とは「ニュース」ではないのだから。

すでに知っているニュースは、もはやニュースではない。既視感を感じたら、その情報から離れ、頭の中から捨てることだ。

大きな事件が起きたらニュースから離れろ

お祭のニュースなどは無視しているという人でも、いわゆる「大ニュース」にはつい注意を払ってしまうのではないだろうか。世間を騒がすような大事件や大事故が起きると、ニュースはその話題でもちきりになる。

各社はどこも同じようなネタを何度も繰り返し報じる。最前線で記者が張り切って独自の切り口を探しているのだろうが、多くの場合、視聴者にとってはその違いがさっぱりわからないことも多い。

もちろん、「繰り返し」をあえて行っている面もある。報道には、重要な情報を多くの人へ周知徹底する役割があるからだ。特に災害などの情報は、ニュースを繰り返すことで一人でも多くの人命を助ける可能性がある。そういう意味で価値は高い。

しかし、たいていの事件や事故について、私たち視聴者は当事者ではないのだから、同じ情報を細かく何度も見たり聞いたりする必要は本来ないのだ。それなのに、つい漫然とニュースを見てしまう。

特にテレビの情報は危険だ。朝、昼、夕方、そして夜まで、ニュース番組は同じような内容を報じ続けている。それぞれの番組制作側にとっては新鮮なのかもしれないが、テレビの前にいる視聴者からすれば、「またこのニュースか」「他にニュースはないのか」とうんざりするものだ。報道が過熱すればするほど、重箱の隅をつつくような細かい情報の争奪戦になる。

２０１５年、川崎市で少年たちが遊び仲間の中学生をリンチしたうえで殺害するというショッキングな事件が起きた。新聞、テレビがこのニュースに相当な紙面や時間を割いて伝えたのは記憶に新しいところだろう。

事件が起きると、まずその凄惨な遺体の状況、犯行現場近くの防犯カメラに映った加害者と被害者の姿、捜査の進捗状況などが細かく伝えられた。そして犯人が少年だと判明すると、報道はさらに過熱していき、少年グループの人間関係や犯行の一部始終が報じられるようになる。どこのゲームセンターで遊んでいた、最近学校に来ていなかった、顔にひどいケガをしていた、河原でこんなやり取りがあった……。さらに「週刊新潮」が実名と顔写真を掲載すると、その是非といったテーマも論じられるようになった。

事件そのものは極めて重大であるし、痛ましい話であるのは間違いない。このような事件が二度と起きないことを心から願う。

しかし、あえて一歩引いた視点で考えてみれば、この事件のディテールは私にとって、あまり意味のある情報ではない。犯人が2人でも3人でも、私には多分関係がないのだ。衝撃的な事件だけに、ついつい興味を持ってしまい、ニュースに目を奪われるのは人情だ。被害者のことを考えると胸が痛む。

それでも、この種の事件報道にあまりのめり込むのは考えものである。一人の頭で1日に処理できる情報量には限りがあるから、こういう情報を多く摂取してしまうと、当然、漏れが出てくるリスクが高まる。

そうでなくても、「大事件」が発生すると、報道側がその事件ばかりをフィーチャーするため、相対的に他のニュースは小さくなる。だからこそ自主的に別のニュースを追うという意識も必要である。

私は大きなニュースがあると、一定の情報が入った段階でそのニュースを遮断することにしている。

世間が騒いでいる中でなかなか難しいかもしれないが、「遮断する」と強く意識し、実行しない限り、同じような情報を繰り返し摂取することになってしまう。

そして、ある程度時間が経ち、事態がいくらか推移した段階で必要であれば、関連情報を取りに戻る。この繰り返しにより、情報の重複と陳腐化を防ぐのだ。

日本は海外の事態を大げさに伝える

日本の報道は、日本についての海外の反応を実態より大きく伝える傾向がある、ということも頭に入れておきたい。

たとえば、経済摩擦や政治問題などで海外諸国と軋轢《あつれき》が生じたときに、「アメリカは日本に強い圧力をかけている」「日本に非常に腹を立てている」など、実態以上に過敏に報じる。日本の報道だけ追っていると、非常に深刻な事態に思える。株安や円高を惹起したり、政治不安を煽ったりするからなのだが、相手国の報道を見ると大した問題ではないことが多い。

少し前の例で言えば日米自動車摩擦。デトロイトの街角で日本車に対する反感を持つグループが日本車を道路に引き出してそれをハンマーで叩くなど破壊行為を行った、ということがあった。新聞を含む日本のメディアは、こぞってこれを大きく報道し、「アメリカはこんなに怒っている」といった報道を行った。

むろん、デトロイトの一角でそういうことが行われたことは事実だが、一方で「日本車は品質が良い」として日本の車を買い続けている消費者はアメリカには沢山いた。しかし、そうした事実は過敏な報道の陰に隠れてしまい、事実の把握がアンバランスになってしまったのだ。今でもトヨタはGMに次ぐアメリカ第2位の販売台数を誇る自動車会社である。

なぜ報道は大げさになるのか。そもそも日本人は、海外からどう思われているかをとても気にしていて、過敏に反応してしまう傾向が強い。

加えて、事態が深刻であるほどニュースバリューが高まるというメディアの体質がある。実態から飛躍し、客観的な視点を失しても、「日本が大変だ」という内容のほうがニュースになる。とりわけ海外のニュースは特派員が発信する。ここにワナがある。

普段は、彼らの取材結果はあまり大きく扱われない。しかし、いざトラブルが起きると、1面や番組トップを飾れる。ただし、そのためには「派手な絵」や「深刻な事態」が必要だ。そのため記者には、「自分のいる場所ではこんな大変なことが起きています」とアピールしたい気持ちがどうしても混じってしまう。これは日本にいる外国人記者にも似たような傾向があるように思う。

ニュースを採用するデスク側にも問題がある。日本のマスコミは、現場から離れたデスクがニュースの決定権を握っている。本来ならば、現場の大げさな取材報告をチェックするのがデスクの仕事なのだが、現場感覚や記者としての感覚が鈍っているため、数字や売上、紙面や番組の「見栄え」やステレオタイプな価値観で判断してしまうことが少なからずあるのだ。記者もまた、このデスクに採用されるように記事を書いてしまう。双方がバランスを崩してしまうのだ。この点、海外の新聞や通信社には、「生涯一記者」のような専門性の高い書き手が多い。ここは日本と違うところだろう。

海外のニュースで情報を相対化する

残念ながら、日本の新聞やテレビは、同じようなニュースを同じように扱い、同じような価値観や解釈に終始してしまう。しかし世界に目を向ければ、実に多様な見方がある。それがわかると、世界の主流と日本のズレが見えてくる。捕鯨問題や従軍慰安婦問題などは、その典型だ。

誤解なきように申し上げておけば、私は捕鯨や従軍慰安婦に関して、日本政府の主張が間違っている、と考えているわけではない。しかし、「日本の立場は正しい」という情報を強化することは、さほど私個人にとっては意味がない。むしろ、海外はどう見ているのか、彼らはいかなるロジックをもとにして議論しているのか、といった情報のほうが、役に立つ。

日本以外の国では、何が話題となり、報じられているのか。そして同じ事件がどう報じられて、どう理解されているのか。繰り返され、陳腐化するニュースや情報との戦いには、日本の情報源から離れ、ニュース・ソースを世界に求めてみるのが一つの手だ。

これによって、「日本人の視点」では見えにくくなったニュースや情報が見え、情報を「相対化」できる。何が正しいのかを判断する前に、多様な見方を自分の中に入れ、複眼的に捉えることができるのだ。

海外の媒体を選ぶ際には、世界中で読まれているものであることが重要だ。もちろん海外の媒体にも独自の「癖」や「偏り」があり、完全にフラットなメディアなど存在しない。だからこそ、世界中で広く、より多くの人が目を通しているメディアを選ぶべきだろう。

まず押さえるべきは英語圏のニュースだ。私は、アメリカのニューヨーク・タイムズ、ワシントン・ポスト、ウォール・ストリート・ジャーナル、イギリスのタイムズやフィナンシャル・タイムズなどには必ず定期的に目を通すようにしている。テレビはCBS（米）やBBC（英）などを押さえる。

常に世界に目を向けていること、時に政権をひっくり返すような特ダネを放つこと、世界中の指導者やビジネスマンが読んでいること、英語で配信されていることなどが、これらの媒体の存在感につながっている。以前ならばこれらに個人で目を通すのは、手間もコストもかかって大変だったが、今はネットのおかげで便利になった。

加えて、アジア、ヨーロッパ、中東など各地域のニュースも押さえる。主要な新聞であればたいていは英語サイトを持っているし、中東のテレビ局アルジャジーラのように、自分たちのサイトで英語の放送の実況（ライブストリーム）をやっているところもある。

とはいえ、海外のテレビを国内で見るのには限界がある。そこでお勧めなのが、前章でも紹介した「ワールドニュース」だ。様々な時間に、各国の多様な報道をまとめて見ることができる。

日本の新聞、テレビはどうしても「日本の視点」に偏りがちだ。しかしこの番組は、アメリカ、イギリス、スペイン、ブラジル、ドイツ、ロシア、韓国、中国、東南アジア各国など、実に幅広い国々のニュース番組を、日本語に翻訳して見せてくれる。副音声で原語も流されているため直接聞き取ることもできる。

ニュースから国の主張を読む

この番組を見れば、世界各国の最新の関心事項が実によくわかる。それぞれの国の抱えている問題はなにか、各国政府が重視している課題はなにか。そして、各国のマスコミの癖もわかる。

指導者や政府の力が強力な国では、政権の意向をくんでいるケースが多いので、「あぁ、こういうことを宣伝したいんだ」とわかって面白い。わかりやすいのは北朝鮮だろう。

かの国において、メディア報道は真実を伝えるものではない。究極的には金正恩《キムジョンウン》第一書記の宣伝の道具にすぎない。常に政権に都合のいいことを報道し、政権が伝えたいことを伝える。

だから意味がないわけではない。だからこそ、その報道内容から例えば金正恩の狙いや関心を読み取ることもできる。彼が工場見学をし、それがトップニュースとして報じられれば、そこから経済や産業の立て直しをアピールしたいという政権の意図が見て取れる。

もっとも、北朝鮮のニュースは「ワールドニュース」では扱っていないが、中国のニュースは放送されている。その中国のマスコミにも、当然、「癖」がある。一党独裁で、名目上の社会主義国家であるために、「国威発揚型」のメディアが中国では多い。「共産党の喉と舌」だと言われるゆえんである。今だと、ロシアもわかり易い。

そういう国では、実際の価値以上に国家のニュースが大きく扱われる。たとえば中国では、有人宇宙船の打ち上げに成功すると国を挙げての大騒ぎとなる。

逆に、反政府的な媒体や記事があれば、しばしば政府から弾圧を受けることも留意しておかなくてはいけない。ネット記事や投稿も反政府的なテイストが濃くなると規制が入る。中国にはまだまだ「メディアの自由」はないことが、ここでもよくわかる。

２０１５年６月、中国の株式市場が暴落した際には、メディアを統括する政府機関の国家新聞出版広電総局は、各メディアに対して、「報道を控えよ」「バランスのとれた客観的な報道をせよ」といった〝要望〟を出したという。折しもその直前、日本国内では自民党の若手議員が、報道への圧力を匂わせるような発言を勉強会でしていた件が話題になっていたのだが、こちらが単なる議員の「個人的願望」であるのに比べて、中国では極めてストレートに政府が報道に圧力をかけていることがよくわかる。

中国、そして韓国の「反日報道」にはあまり過敏にならないほうがよい。彼らにとって、この問題を中立に冷静に扱うということがそもそも無理な話だからだ。日本の失態を大きく扱い、政治家の言い回しに細かく反応し、「日本は右傾化している」と騒ぎ立てる。

これらは多くの場合、大げさすぎるか、間違っているのだが、少なくとも彼らがそのような価値観を持っているということはわかる。腹が立つかもしれないが（私だってそうした報道を見て腹が立つこともある）、その点に関心を持った上で対策を練るしかない。

日本の新聞は「内向き」だ

アメリカの新聞業界は、大部分は地方紙の集まりである。一方で日本では、全国的に読まれている一般紙が複数あり、加えてビジネスマンが多く読む日本経済新聞や有力な地方紙もある。中でも読売新聞の発行部数は８００万部に達すると発表されている。これは世界の新聞の中でも異例の多さである。これを凌駕するのは、中国など一部の国の新聞だけだ。

宅配制度が非常に充実していることは、日本人の新聞好きにつながる理由の一つだが、もう一つは、読む新聞が社会的階層で変わらないことも原因だろう。だから多くの人が同じ新聞を読む。

アメリカやイギリスに存在している社会の「階層」について、日本人は無頓着である。先に述べたニューヨーク・タイムズやタイムズなどは、たしかに世界的影響力を持つ新聞だ。しかし、いわゆるこうした「高級紙」が扱うニュースについて、国民全員が関心を持ち、みんながそれを知っているかといえば決してそうではない。

イギリスでは高級紙タイムズを読んでいる人が、大衆紙デイリー・ミラーも読んでいることは、ほとんどない。アメリカも同様に、ニューヨーク・タイムズやワシントン・ポストは東部の高級紙であり、購読するのは知的レベルの高い人に限られる。だからアメリカの人口は日本の倍以上あるのに、これらの発行部数は日本の全国紙の足下にも及ばない。

ただ残念ながら、非常に大きな発行部数を誇りながら、日本の新聞が世界中の指導者に読まれている、ということはない。日本が世界第2位の経済大国であったときでさえ、世界の指導者の中で「日本の新聞はどう書いているか」を気にしていた人は少なかった。

日本語のマイナーさに加え、日本の新聞の内容が「内向き傾向」だからだろう。日本のメディアは海外の情報は記事の中にふんだんに入れるのに、海外には自らの力で発信することをあまりしなかった。国内市場がなまじ大きいために、海外に発信するという意識が薄かったのだ。

これまではせいぜいニューヨークやロンドンやパリに住む日本人向けに日本語の新聞を出すくらいだった。また、日本の新聞各紙は英字紙も出してはいるが、欧米の街角でそうした日本の新聞社の英字紙が売られているのは見たことがない。

これは残念なことだが、そもそも日本語は、マイナーな存在だという弱点がある以上仕方がない。世界で流通している情報の8割は英語でキャリーされており、日本語の情報は世界の膨大な情報量の中ではほんの一部に過ぎない。情報の範囲という意味でも、日本語の枠内にとどまっていたのでは、ごく一部の情報にしか触れられない。日本語は世界においてはマイナーな言語である。世界の人口70億のうち、日本語を使っているのは1億2000万人強の日本人だけと言える。

発信する母体が大きいということは、その言語が持つ情報発信力が高いということでもあるが、英語が事実上の世界共通語として通用している点も重要だ。世界でもっとも影響力のあるアメリカをはじめ、世界の多くの国がこの言語を使っているだけでなく、国際的なコミュニケーション・ツールとして普及しているということだ。

たとえば、中国語は単純に中国だけで13億という使用人口を持つが、必ずしも情報発信力が高いとは言えない。一方で、英語はこれを公用語とする国だけでなく、多くの国や企業が公式の発信言語としてこれを使用している。

だからこそ、英語の情報源に触れることで飛躍的に情報量が増える。

さらに言えば、大統領など各国政府の要人の発言や、国際会議の発表は、原語を参照した方がいいケースが多い。

翻訳された情報には、翻訳した者の恣意や、日本独特の解釈が混じる場合もある。言葉は一つ一つ意味のディメンション（幅）を持つ。英語の単語には一つ一つディメンションがあり、それに翻訳語として登場する日本語の単語とその意味のディメンションが完璧に重なるということはないからだ。

本当は世界中の言葉を扱えるのが望ましいのだろう。私はドイツ語、フランス語、スペイン語、それに中国や韓国の言葉が扱えないことをいつも悔しく感じている。

ネットの記事は「自己メール」でメモする

日本の新聞のインターネットサイトは適宜チェックをしているが、このとき心がけているのが「読み過ぎない」「時間をかけない」「こまめに見ない」の3点だ。「読み過ぎない」「時間をかけない」ために大切なのは「今読む」「あとで読む」「読む必要なし」の3種類に瞬時に振り分けをする癖をつけておくことである。

タイトルの一覧だけを眺め、ニュースの概要だけをつかむ。このときもダラダラとニュースのタイトルを遡るのではなく、最新のものから十数個程度に留める。

そして「面白そうだ」あるいは「全く知らない情報だ」と思った記事のみリンク先を開き、最後まで読み切る。

「あとで読む」は、じっくり読みたい記事だ。興味はあるが、かなり長いのであとで時間が空いた時に読んでおこう、と思ったような記事は忘れないように、その場で「自己メール」をしておく。その記事のURLを自分にメールしておくのだ。

この「自己メール」のいいところは、どこにいても、自分が持っているどのデバイスでも、ニュースを読めることだ。家のPCでも、新幹線の中で読むタブレットやスマホでも、時間ができたときに読めばいい。他人が興味を持ちそうな記事は、フェイスブックにも投げる。後でチェックできるし、講演にも使える。読者が寄せるコメントも考えを広げる基点になる。

「こまめに見ない」のは、継続的にチェックするよりは、せいぜい2時間おき程度にチェックするほうが効果的だと考えているからだ。アクセス数を稼ぎたいと考えるサイトでは、ニュースを一気にアップしてはくれない。しかし、それに付き合ってだらだら眺めていては、それこそ時間の無駄だ。

もちろん、それでは本当に重要なニュースを知るのが遅れるかもしれないので、緊急ニュースや災害情報などの「速報」は、スマホやタブレットの画面に自動で表示されるよう設定している。日本の新聞社やテレビ局、通信社やネットニュースなどはプッシュ通知を表示するサービスを展開しているし、海外ニュースもブルームバーグ、CNBC、ニューヨーク・タイムズなどがすぐに教えてくれるし、日経平均が大きく動くと日経新聞のネットサービスが知らせてくれる。これを使えば、常にニュースを眺めていなくても、重要ニュースを逃すことはない。最近はアップルウォッチが重要ニュースを振動で教えてくれたりもする。

ちなみに私は野球が大好きなので、日本のプロ野球もMLBもよくチェックするのだが、MLBのアプリは実にマメに情報提供をしてくれて楽しい。今誰がホームランを打ったとか、何対何でどうなっているかとか、試合経過まで通知してくれるのだ。ちょっとうざいと思うこともあるが、それでも楽しいので、ついついチェックしてしまう。もちろん、こんな情報はほとんど役に立たないが、まあこの程度の無駄はあってもいいだろうと思っている。

ネット情報に溺れるな

情報を制限するにあたって、ネット情報においてはテレビ同様、いやそれ以上に「繰り返し」には注意したほうがいい。

テレビの映像の使い回しや新聞記事の引用は先に説明したが、ネットはその比ではない。情報のソースは同じなのに、引用箇所を変えたり、体裁を少し変えた程度の記事が無限に増殖している。PCやスマホにはこうした情報がひっきりなしに流れてくる。見出しにつられてつい読んでしまったが、何の新しい情報もなかった、なんて経験は誰にでもあるはずだ。

ネットの世界では、多くの人が関心を持つ情報ほど拡散し、様々な形に変えて発信されていく。マスコミやネットサイトだけでなく、一般ユーザーの手によって伝えられ、コメントされ、転送される。なにせ、世界には数え切れないほどのマスコミ各社がある。

受け取る我々の側にも問題がある。もはや繰り返し情報が流されるのを当たり前だと思っている。「聞き飽きた」「見飽きた」と思いながらも、関心事についてはいつの間にか目で追ってしまう。情報を得ているだけで満足してしまい、その無駄に気づかない人は多い。

テレビを見ながら何も考えずに、手元にあるポテトチップスを食べ続けているようなものだ。こうなると、肥満への道まっしぐらである。

ネットは情報量の観点から言っても際限がない。新聞のように紙面の制約も、テレビやラジオのような時間の限界もない。同様に、個人が持てる情報量も飛躍的に増えた。ハードディスクやクラウドの急速な普及によって、ネットの情報をほぼ無制限に保存できるようになった。

しかし、いくら情報量が増えたとしても、有意義な情報が増えたとは言い難い。いささか「水増し」の感は否めないのだ。

マスコミは同じような情報を繰り返し発信し、私たちは同じような情報を繰り返し見てつい記憶、保存してしまう。ネットの世界は、同じような情報が重層的に積み重なって膨大な規模になっているだけなのだ。ところが、その膨大さの割に、新しい情報は少ない。

ネットの情報を制限し、効率よく獲得するためには、まず情報のソースに直接アクセスし、重複するニュースは避けるように心がける。その意味でポータルサイトやSNSから情報を得るのはあまりに効率が悪い。新聞社や通信社など、情報を自分たちで取材し発信しているメディアから情報を得るようにしたほうがいい。さらにその中でも、精度が高く、価値のあるメディアを厳選することだ。
「ヤフー・トピックスで済ませてはいけないの？」

そう思う人もいるかもしれない。ここで思い出していただきたいのが、新聞についての項で触れた「ニュースの配置」である。ヤフーではトップページに、8本の記事の見出しが掲載されている。大体、上の2本が政治、経済や国際情勢に関するもの、その下の4本は事件、事故や街の話題などで、下の2本がスポーツや芸能、というのがスタンダードな並びである。

つまり、ここでは「金融緩和」「中一生殺害事件」「美しすぎる県議会議員」「ＡＫＢ総選挙」が等価で扱われている。これはこれでニュースの新しい提示方法であるし、だからこそ幅広い支持を得ているのだろう。また、思いもよらぬニュースに遭遇する可能性もあるから一概には否定しない。

しかし、有益なニュースを得るという点では効率がいいとは思えない。それよりは新聞などのサイトを見たほうが、本当に社会にとって重要なニュースを要領よく得ることができるだろう（ＡＫＢ48こそが人生の最大関心事だ、という人がいることを私は否定しないし、結構なことであると思うことは申し添えておく）。

また、前述のとおり、ネットでは同じような情報に直面したら、パッと読むのを止《や》めてしまったほうがいい。細かい点を追究したり、すでに知っていることを再確認したい気持ちは切り捨てる。時間の無駄だけでなく、頭のスペースも無駄になる。他の情報や多様な考えを受け付けなくなるからだ。

同じような情報は頭に何回入れても仕方がない。

同じような情報は捨てなければならない。

情報の土台を定めておく

現在、ブログやSNSなどでは、個人が多くの情報を発信している。しかし私は、こういう情報を見るとき、かなり注意をするようにしている。

第一に、情報の信頼性の問題だ。「マスゴミ」などと言われて叩かれることもあるが、マスコミの取材には一定のクオリティがほぼ保証されている。記者たちは、情報を扱うプロフェッショナルとして常に訓練されている。

一方で、個人のレベルで情報を発信しているブロガーについては、平均的に見た場合に、その信頼性が低いと言わざるをえない。正確な情報や鋭い分析もあるだろうが、噂レベルの情報も同じように扱われている危険もある。

第二に、客観性の問題だ。個人が情報を扱っている場合、組織であるマスコミよりも個人の感情に左右されることが多い。

このような考え方を「古臭い」と思われるだろうか。しかし、一時期、話題になった「市民メディア」「市民ジャーナリズム」を考えてみてほしい。

「これからは市民がニュースを発信する時代だ」「市民参加型ニュースをつくろう」ということが積極的に主張された時期がある。アメリカや韓国の成功例が盛んに持て囃され、実際にそうしたHPがいくつも作られた。今でもないわけではない。

しかし、結果的にこれらのほとんどは上手《うま》く行かなかった。

有名なのは、韓国から輸入された「オーマイニュース」の失敗だろう。韓国では大きな影響力を持ったネットメディア「オーマイニュース」は鳴り物入りで日本にも上陸した。日本版については、孫正義氏がバックアップし、高名なジャーナリストである鳥越俊太郎氏が編集長に就任した。万全の構えである。

鳥越氏は、発足当初、次のように述べている。

「我々のネット新聞が目指すのは、ひと言でいえば、新聞とテレビ、両方の機能を併せ持つようなメディアである。ニュースの背景や調査報道、事件事故の検証といった新聞・活字メディアにテレビのもつ映像機能。しかも大事故などの場合テレビは簡単に番組変更できないが、我々は毎分更新できる。カメラをもって現場から中継できる。『記者』は家庭の主婦であり、大学生や先生であり、政治家だったり、中央省庁の役人だったり。生活、文化、娯楽から政治まで、プロの記者が入れない世界から情報を発信する。個人情報の安全をはかり、記者登録制で情報の信頼を確保する。そのうえで『納税者の正義を実現する場』をネット上につくる。それが我々の使命だと考える」(朝日新聞2006年5月27日付)。

とても高い理想を持っていたことはわかる。しかし、この「オーマイニュース」は3年ほどで閉鎖されてしまった。その理由は、やはりプロの力を甘く見ていたからではないかという気がしてならない。

情報を扱う媒体として信用を得るには、継続的な資金はもちろんだが、やはりプロとしての訓練を積んだ記者や、彼らのノウハウの蓄積が必要なのだ。何か特定のテーマについて、正確な情報と分析力、文章力を持った「市民ジャーナリスト」がいたとしよう。そのジャーナリストは、得意のテーマについて執筆する分には、レベルの高い記事が配信できるかもしれない。

しかし、メディアとして存在し続けるには、継続性が必要になる。さまざまな分野について、そういうジャーナリストがいなければならない。では、その人たちへのギャラや取材費はどうするのか。個人の取材結果を、誰がチェックするのか。そのチェックへの対価をどうするのか。

市民ジャーナリストの意義を否定はしない。しかし、現実的には継続的にニュースを配信する主体を「善意の市民」が担うのには困難が多いのである。

もちろん、マスコミが伝えきれないことを市民ジャーナリストやブロガーが伝えてくれるという面はあるだろう。ときおり、ニッチな話題を取材してレポートした記事などについては、そういう人たちがかなりフットワーク軽く、面白い記事を書いている。また、かならずしも客観報道が個人の感情的な言説よりも価値があるというわけではない。

人々が驚きや怒り、喜びを感じているということは、何か原因があるということだ。その中にはマスコミには排除されてしまうような情報も少なくない。

そういう「時代の気分」のようなものを知る上では、ネットはとても役に立つ。だから私は1日に数回程度、気が向いた時に、SNSなどのタイムラインを眺めるようにしている。しばしば発信もする。世間の興味や世の中の動きを感覚的に捉えることができるし、思いもよらない発見がある。

それでも個人の発するタイプの情報を「土台」にしないほうがいいだろう。この場合の「個人」というのは、純粋に一人の人、という意味ではなく、「非マスコミ」と捉えてほしい。特定テーマの掲示板なども、「個人」発信情報の集積である。あくまでも、情報のベースは、マスコミなどが発信する、信頼性や客観性の高い情報で構築すること。

その土台の上に、個人発信の情報を乗せなければ、物事を見誤るし、議論も成り立たない。感情的な意見に引きずられ、自分の頭で判断できなくなる。

特に、個人の持つ思想によって考え方に違いが生まれやすい問題は、より慎重にならなくてはいけない。原発事故、秘密情報保護法、集団的自衛権、セクハラ問題、中韓問題……。こういう問題を考えるときは、無意識に偏った情報の取り方をしていないか、特定の思想に引きずられていないかを、常に気にかけるようにしている。

新聞の情報にバイアスがかかっていることを懸念する方もいるかもしれない。たしかにバイアスは存在するが、幸いなことに、私たちはどの新聞にどのようにバイアスがかかっているかをある程度知っている（知らない人は勉強したほうがよい）。だから、そのバイアスを割り引いて記事を読めばいいだけのことである。

この点でも「市民ジャーナリスト」の場合は、属性などが不明のこともあり、情報の評価をしづらいという欠点があるのではないか。ジャーナリストと称していながら、何の経験もないとか、実は何らかの運動団体の構成員であるといったことすらあるように思う。

タイムラインは雑多で極私的

最近では、ＳＮＳからしか情報を取らないという人もいるのだという。若い人の中には、新聞もテレビも見ず、全てのニュースをタイムラインだけで得ている人もいるらしい。

その結果、どんなことになっているか。知人に聞いた話だが、彼の友人である20代の若者は、2014年のブラジルのワールドカップ開催中、この世界的イベントが行われていることを知らなかったという。

「だって僕のタイムラインには全く流れてこなかったんだもの」

何でも彼はスポーツに全く興味がなく、そういった情報を一切フォローしていないし、周囲も同じような人間ばかりなのだとか。この友人にとってブラジルで開催されたサッカーの祭典は、果てしなく「遠い」ニュースだったのだろう。

たしかにワールドカップについて何も知らなくても日常生活には支障がない気もするけれども、やはりここまで知らないのはちょっと問題ではないか、という気がする。

この例からもわかるのは、SNSのタイムラインなどで自動的に流れてくる情報は、情報そのものの価値によって選別されたものではないということだ。上司にパワハラされただの、子供が誕生日を迎えただの、世間にとってどうでもいいはずだ。ただ、それを流す当人にとっては大ニュースということにすぎない。

つまり、タイムラインは「近さ」で選ばれた情報の集積だということになる。自分の興味や思想との「近さ」、自分の人間関係の「近さ」、現在という時間との「近さ」。

非常に個人的なものさしがベースになって作られる、極私的なメディアなのだ。当然、内容は偏ったものになる。日常生活には支障がないかもしれない。しかし、個人が自分に「近い」情報にしか触れないことは問題だ。

まず社会全体で常識が共有されにくくなる。ある人のタイムラインでは大ニュースとされていることが、他の人のタイムラインでは全く流れない。それぞれが極私的な情報だけをバラバラに得てしまう。すると、社会全体で考えるべきニュースや問題は軽視されてしまうのだ。選挙があることも、少子高齢化問題も、海外のニュースも、全く遮断してしまうことが可能だからだ。

一方で、どうでもいいことが「常識」になる。あの人が結婚した、あの人は今ここに旅行している、あの人はいまこの問題に関心がある……。常にタイムラインの情報を確認し、自分に近しい人の状況を把握していなければ、現実の人間関係にも支障をきたすというのだ。結婚や出産、転職の報告も、すべてSNSで済ます時代だ。だから、人付き合いのためのツールとしては有効なのだろうが、それに情報ソースの役割まで期待するのは止めたほうがいい。

もちろん娯楽としてSNSを楽しむのは結構だ。ただこれに縛られ、負担を感じるようなら本末転倒だ。そのためにも長時間見過ぎないことをおすすめする。見れば見るほどSNSの世界に没入し、その世界しか見えなくなる。世界を広くしているつもりで、狭くしてしまうのである。

快楽情報に溺れるな

人は知らず知らずのうちに、自分にとって好ましい情報、都合のいい情報ばかりを摂取してしまう。こうした情報を私は「快楽情報」と呼んでいる。

ただでさえ情報過多の時代だ。すべての情報を等しく読むことはできない。さて何を読もうかと選択しているうちに、実は「快楽情報」ばかり摂取するようになってしまう——そんなリスクは誰にもある。偶然目にした情報のように思っているが、実は多くの情報から無意識に選択し、興味のない情報や見たくない情報はどんどん捨ててしまっているのだ。

たとえばサッカー日本代表勝利のニュースは何度見ても気分がいい。同じゴールシーンが繰り返し報じられても、ちっとも気にならない。次の試合もきっと勝てる、日本代表はこんなに強いという情報が繰り返し報じられ、どの選手が怪我から復帰しただの、誰が先発に入るだの、瑣末な情報でも大きく取り上げられ、ニュースは朝から晩までサッカー一色だ。だから日本の報道ばかり見ていると、日本は最強のチームなんじゃないかとすら思えてくる。悲観的な報道は好まれない（そして宴の後に、「あれは何だったんだろう」と空しい気分を味わうこともしばしばである）。

これがスポーツや趣味の世界なら問題はないし、むしろ快楽情報ばかり摂取するほうが自然だろう。しかし、往々にして私たちは社会問題や政治問題でも、快楽情報ばかりを摂取する傾向があることには自覚的であるべきだ。

たとえば韓国が嫌いな人は、韓国の悪いニュースにばかり関心が向く。同じ思想を持つ新聞やサイトを好むようになり、韓国の悪い面ばかり知るようになる。そしてますます「韓国はひどい」という考えが補強され、自分の考えが正しいという確信を強めていく。メディア側も受け手のニーズを汲み、共感を呼びそうな情報ばかりを積極的に流すようになる。こうなってしまうと固定観念や偏見はなかなか覆せない。

たまたま韓国を例にしてみたが、これを「安倍政権」にしようが、「読売巨人軍」に置き換えようが同じことである。また、おそらく韓国の人たちもまた「日本はひどい」という快楽情報を多く消費していることだろう。そのわりには、韓国の人々はよく日本に来るが。

皮肉なことに、ツールが発展して、情報の取り方が無限にあるようになったがゆえに、快楽情報ばかり選ぶことが簡単になってしまった。快楽情報を発信してくれるメディアだけを好み、SNS上では同じ意見を持つ人だけをフォローすれば、快楽情報しか入ってこない環境を作り上げることができるのだ。

ネット中心に情報を追う場合、無意識に「快楽情報オンリー」になってしまうことが珍しくない。新聞やテレビであれば、いかに論調が偏っていても、ある程度はバランスを取ろうという意識が作り手にある。しかし、ネットでは意識的に偏りを作って情報発信をしているメディアも多い。そこに嵌《はま》ってしまうと危険なのだ。

そうでなくても、最近はサイト側が、ユーザーの閲覧履歴やフォロワー、属性情報や購入履歴などから、「快楽情報」を勝手に推測して、ちょっかいを出してくる。「このニユースに興味がある人はこれもオススメ」「この本を買った人は、こんな本も読んでいます」「この人をフォローしてる人は、こんな人もフォローしていますよ」——。情報のソースをネットに限定してしまい、しかも見るサイトが限定的で偏っていたりすると、「不快情報」をどんどん排除してしまう。

世界でいったい何が起きているのか。その全体像を摑むためには、「不快情報」も必要だ。むしろ、そのほうが重要だと思っていてもいい。

快楽情報にだけ溺れていたら、世の中が見えなくなってしまう。

元ゴールドマン・サックス金融調査室長で、現在は日本で文化財の補修を手掛ける小西美術工藝社の社長を務めているデービッド・アトキンソンという人物がいる。彼はその著書『イギリス人アナリストだからわかった日本の「強み」「弱み」』（講談社＋α新書）で、最近の日本のメディア（特にテレビ）に目立つ、「日本人はすごい」といった論に対して疑問を投げかけている。

海外と日本の文化や風習を比較したうえで、「だから日本は優れている」「やっぱり日本人はすごい」といった結論で盛り上がる。日本人ならば誰でも嬉しくなる話である。

しかし、それでいいのだろうか、とアトキンソン氏は言う。

「テレビも雑誌も新聞もやはり受け手は日本人ですから、日本人に夢を与える、観ている人の胸をスッとさせる、ということに重きを置くのは当然なので、多少は予定調和的に、観ていてあるいは読んでいて気分の良くなる情報を提供するというのもしかたがない部分があるのかもしれません。しかし海外の文化と比較して優劣をつける――。

このような結論にもっていくという手法は、私のようなイギリス人にはあまりにも無理があるというか、かなり抵抗があります。

なぜかと言いますと、こうした番組は日本の強みの検証ではなく、日本が強くかつ相手国が弱い特徴だけを取り上げて優劣を競うという、結論ありきで、フェアではないことが多い印象だからです」(同書より)

アトキンソン氏は、「日本人は勤勉」「日本人は加工能力に優れている」といった巷間よく言われている説について、検証を加え、異議を唱えている。たとえば「カレーライスはインド発祥のものが日本で独自の進化を遂げたものであり、すでに日本食の一種である」といった説はよく耳にする。

しかし、彼はこれを否定する。日本のカレーはインドから日本に伝わったものではない、イギリス経由で伝わったものである。その時点で、すでにインドにはない「とろみ」は加えられていたし、ライスにかけるという工夫も為されていたのだ、と。

もちろん、そこにさらに日本人が加えた工夫も多くあるのだろうが、そうしたアレンジは別に日本人の専売特許ではない。スシの「カリフォルニアロール」を想起すれば、すぐにわかることである。日本人の「加工能力」には素晴らしいものがあるかもしれないが、決して日本人だけが持つ能力ではない。そう彼は述べている。

こうした話は「日本人は優秀だ」という話よりも、愉快ではないかもしれない。しかし、だからこそ学ぶべき点があるようにも思う。

「日本は優れている」というのは快楽情報の最たるものである。そうした気持ちを持つことは悪いことではない。「日本はダメな国だ」と自虐的な思考にまみれているよりは精神衛生上良いことだとは思う。

しかし、快楽情報に溺れていては、決して現実を見据えることはできない。

3

情報のつなげ方

情報のループを作る

ここまで、情報の収集について述べてきたが、ただ収集するのでは、役に立てることはできない。その情報を自分にとって価値あるものにするには、それまでに集めた様々な情報とリンクさせる必要がある。私はこれを情報の「ループ（思考の輪）作り」と表現している。

ループ、というのは私なりの感覚的な表現なので、別の言い方をすれば「仮説」「ストーリー」「文脈」ということになるだろうか。そのままではバラバラの状態にある情報をつなぐ糸のようなものというイメージである。あえてループというのは、「仮説」「ストーリー」だと直線的なイメージが強いからだ。あくまでも、私の脳内にあるものなので、言語化して説明を試みてみたい。

たとえば「A」から「E」までの情報をつなぐ際に、仮説を立てるという作業は、

A→B→C→D→E

というように順序を決めて筋を立てる必要がある。一方で、私の考えるループは、
A⇕B⇕C⇕D⇕E⇕A……
という風に情報同士が相互に関連し、影響を与えあっているというイメージである。
そして、このループを常に更新し続けている。ループに関連した「F」という情報が入ることで、
A⇕B⇕C⇕D⇕E⇕F⇕A……
という形になることもあるし、「C」という情報が更新されて「Z」になることで、
A⇕B⇕Z⇕D⇕E⇕F⇕A……
という形になったり、場合によっては、
A⇕Z⇕A
というようにまったくループの形が変わることもある。
そして、このようなループをたくさん持っておいて、情報を得た際に常に更新し続けるのだ。様々なテーマについて、できるだけ多くのループを作ることを私は心がけている。イメージとしては、脳内に無数のループが存在し、立体的に交差しているという感じだ（次頁の図参照）。

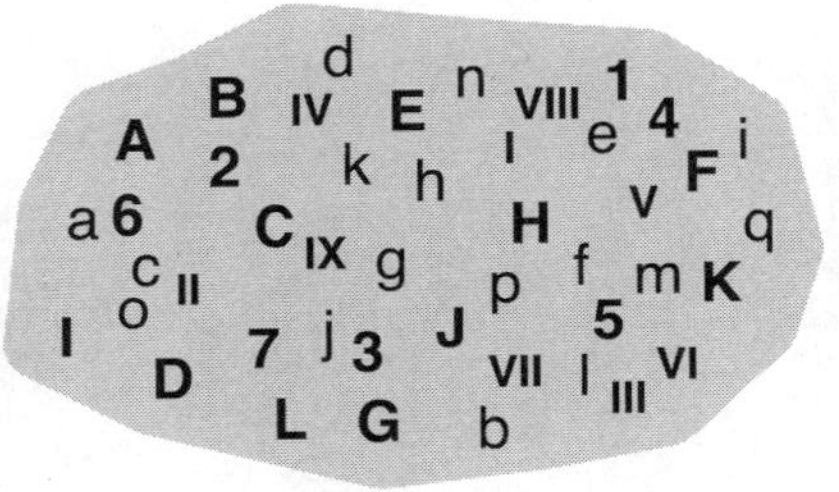

バラバラの情報を

A → B → C → D → E ……

a → b → c → d → e ……

1 → 2 → 3 → 4 → 5 ……

Ⅰ → Ⅱ → Ⅲ → Ⅳ → Ⅴ ……

単に直線的につなげるだけではなく

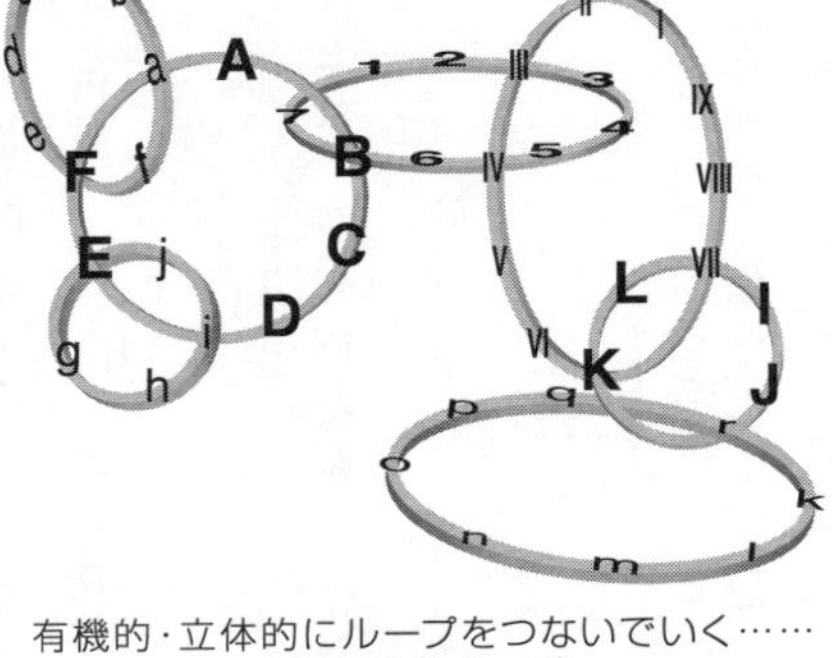

有機的・立体的にループをつないでいく……
というイメージ

テレビ、ラジオなどでニュースについてのコメントや意見を求められて応じているのも、自分のループ作りの一助になるという計算がある。

コメンテーターはすべてについての専門家ではないので、多くの場合、特定のことを深く解説することはできない。期待されているのは、一つの情報について、その意味合いを広く解釈したり、今後の展望を予想することだろう。ループ作りとは、この解釈や予想を作るための作業だと言ってもいい。

たとえば、ある画期的な発電技術が日本国内で発明されたとしよう。

それについて、ループを持たない人がコメントする場合、「すごいですね。やっぱり日本の科学技術は素晴らしいですね」という程度になる。これはテレビニュースがいつも紹介する「街の声」レベルである（余談ながら、テレビニュースでのこの手の「街の声」は不要な情報の最たるものだろう）。

一方で、科学技術の専門家はこの技術がどのような仕組みなのかは詳しく解説できる。どういう原理か、どの点が画期的なのか。しかし、この技術によってエネルギー政策がどう変わるのか、安全保障政策はどう変化するか、既存のエネルギー事業の雇用はどうなるかなどの多岐に亘る影響については、必ずしも語れるとは限らない。

しかし、日頃からループを作ることを意識していれば、「画期的な発電技術」という新しい情報が入力された場合に、その影響などについて一定の見方を示すことができるようになるだろう。それをコメントとして述べるのだ。たとえば、その技術によって中東との関係が変わるかもしれない。すると、それは日本の安全保障政策にも関係するかもしれない。そうした予測をするには、これまでに貯めた情報が必要になるし、ループを作っておくことが必要になる。

より平たく言えば、新しい情報を得た際に、「そういうことがあったのか」という感想でとどまるのではなく、「それはあの件とどう関連するのか」「それは、この前のあの情報と矛盾しないか」「それによって、こうなるのではないか」と常に考えられるようにする。それがループを作る意味である。

情報は単体で持っていても意味がない。「つながり」が重要なのである。情報をループにつなげる力が勝負になる。それは言い換えれば、自分の頭で仮説をつくる力ということである。

たとえばある時、私は都内を歩いていて、地方ナンバーの車、大型車が増えた印象を持った。東京や神奈川、千葉、埼玉以外の車が多いのだ。

なぜだろう。そう考えた時に、大阪で聞いた話を思い出した。超大型開発事業だった、「あべのハルカス」の工事が終わってから、工事需要が減ったというのだ。

地方ナンバーの話と、大阪で聞いた話をつなげると、「大阪で余った業者が関東に集結してきている」という仮説を立てられる。当然、これは東京五輪開催決定ともつながってくる話だ。

もちろん、本当に統計的に有意なくらい地方ナンバーが増えているのか、私は知らないし、調べる気もない。ただ、このようなループをいったん作っておくと、また別の現象や情報とつなげていくことができるだろうと思う。

ループ作りを前提に情報を評価する

ループ作りは、どのように進めていくか。

まず、現実の情報をもとに「仮説」をたてる。それが矛盾なくつながるか、それを補足する情報はあるかと探し、どんどんループを強くしていく。

また、すでに自分の頭にできているループに関連する情報を得た場合は、古い情報と比べて何が違うのか、なぜ状況は変化したのか、物事の変化と因果関係を調べながら、新しい情報に価値があると思えば古い情報を捨てる。こうしてループを更新する。

今まで聞いたことのなかった情報を得た時は、まず自分がすでに得ているループと照らし合わせ、つなげられるものがないかを確認する。それがない情報の場合は、新しくループが作れないか、仮説を立てたり、検索をかけてみたりする。それさえできない場合、基本的にその情報は捨てた方がいい。どうしても気になるというのなら温めておいてもいいが、その場合は仮想的でも物理的でもいいので、「情報の箱（フォルダ）」を作って、保存状況を「見える化」しておくことだ。

そして、ループを新たにした時は、それをもとに文章を書いて整理する。文章を書いてみると、自分自身の論理の弱いところや、古びてズレてしまった箇所がわかる。そのたびに情報を補完してループを強くする。文章を書いていると、そのループの弱いところ、以前はつながっていたのに途切れてきたところが見えてくる。そのたびに情報を補完し、考えを巡らせて、それを一つのまとまった文章にする。

つまり私の情報の取捨選択は、あくまでも「ループ」の形成に役立つかどうかが基準なのである。私は次の三つの観点から残す情報を選んでいる。

「ループを更新できるか」

「ループを充実させられるか」

「ループを新たに作れるか」

これらはいずれも常に情報を新しくし、補完し、ループを充実させ、新規作成するために必要な条件だ。

情報には前後関係がある

「風が吹けば桶屋が儲かる」ということわざをご存じだろう。一見なんの関係もなさそうな事象が、実は因果関係にあるという意味である。

「大風で土ぼこりが立つ↓人の目に入って盲人が増える↓盲人の仕事は三味線弾きが多いので、三味線が売れる↓三味線には猫の皮が使われる↓猫の皮が必要になって猫が減る↓ネズミが増えて桶をかじる↓桶屋が儲かる」

注目すべきは、バラバラの情報をつないで、一つの結論を導き出しているという点だ。「最近、天候が悪くて大風の日が多い」「盲人には三味線弾きが多い」「三味線には猫の皮を使う」等々は本来関連がないと思われても仕方がない情報である。しかし、このことわざを作った人の頭の中ではループが作られている。だから「桶屋が儲かる」という意外な結論が導き出されるのだ。

もちろん、実際にはこんなことはないが、ビジネス、特に投資に携わっている人などは常にこの作業を脳内で行っている。「東京五輪開催が決定」という情報から「○○業界が潤うだろう」といった結論を導き出せるのは、常にいくつもループを作る作業を行っているからだ。

ごく単純なループは、「大きなイベントが行われる」と「建設需要が高まる」といったものである。東京五輪の場合には「スポーツ関連産業が盛り上がる」とか「観光業が好況になる」といったことも容易に想像できる。しかしここで複雑なループを持っている人ならば、「介護業界が人手不足になる」といった意表を突く仮説を提示できるかもしれない（実際にそうかどうかは知らない）。

経済の分析に人間の心理や行動を取り入れた「行動ファイナンス」も、「風が吹けば」

に似ているところがある。たとえば、大和総研のアナリスト、吉野貴晶氏によると、「テレビアニメ『サザエさん』の視聴率と東証平均株価には相関がある」という。「サザエさん」の視聴率が高いと株価が下落し、低いと株価が上がるというのだ。適当に言っているのではなく、両者のデータを統計的に分析した結果である。

なぜ、そうなるのか。吉野氏は「『サザエさん』の視聴率が高いということは、日曜日の在宅率が高いということ。それは景気にとって良いとはいえないからでは」という仮説を述べている。

「風が吹けば桶屋が儲かる」や「『サザエさん』と株価の相関関係」は、相当極端なループだが、しかし、どんな出来事にも必ず前後関係や因果関係があること、とある出来事が思わぬ展開を生む可能性があることも、また事実である。一頃ブームになった「複雑系」という考え方は、まさにそのことを示している。

ブラジルにいる一羽の蝶の羽ばたきが、テキサスで竜巻を起こす可能性（バタフライ効果）はあるか——これは複雑系の説明の際によく使われた話である。「風が吹けば桶屋が儲かる」とよく似ている。最先端の科学にも、世の中は想像もしない形でつながり、相互に影響し合っているという考え方があるということだ。

この「実は世の中は全部つながっている」という感覚は、情報を扱う上で非常に重要だと言える。ニュースのループを作るには、この感覚が必須だ。世界各地で起きている出来事は、一見バラバラに起きているように見えるが、実は全てが有機的につながっていると考えることができる。

ニュースの意味を読み解くには、この前提のもと、個々のニュースや事象のつながりを見出し、なるべく具体的なループにしてみることだ。事件・情報を幅広く探り、一見つながりがないこととの接点を見付け、仮説にまで広げていく。そしてさらに、今後それが「誰に（何に）」「どのような」影響を及ぼすか、世間がどう変化するか、まで予想するのだ。

具体的な例をあげてみよう。2013年、国産新型ロケット「イプシロン」試験機が打ち上げられた。その情報を簡単に要約すると、次のようになる。

――2013年9月14日、国産新型ロケット「イプシロン」試験機の打ち上げに宇宙航空研究開発機構（JAXA）は成功した。同ロケットは当初8月に打ち上げの予定だったが、配線のミスなどにより2回延期され、14日当日も予定時刻に遅れての発射となった。JAXA関係者はもちろんのこと、見学場所に押し寄せた2万人の見物客、ライブビューイングで見ていた東京の宇宙ファンらは歓声を上げた――

このニュース、メディアではイプシロンロケットの紹介や地元での盛り上がりを中心に報じられていた。特にテレビの場合は、開発者や見物客の「喜びの声」が中心だったように記憶している。しかし、そんなことはどうでもいい情報である。

私がこのニュースから考えたのは、以下のような点である。ニュースでは「朗報」というトーンでもっぱら伝えられているが、「日本の宇宙航空技術は、まだ日本経済の柱になれるほど精度が高くないのでは」という視点は持たなくていいのだろうか。打ち上げに成功したとはいえ、2回の延期があったことは事実であり、それを忘れないほうがいいだろう。そう考えて頭の中に入れておいた。

また一方で「2万人もの見物客」という点にも注目した。調べてみると失敗に終わった8月にも1万5000人もの見物客が来ており、「日本における宇宙開発の人気は依然として高い」ということがわかる。このことは、JAXAがこの事業を続けていく上での好材料の一つとなるだろう、と考えた。

前章でも触れた新聞の解説記事は、このようなループを作るにあたって役に立つ。イプシロン打ち上げ成功を伝えた朝日新聞（9月15日付朝刊）の1面と社会面の記事は、右に書いた情報と大差ない。しかし、4面の解説記事では、この技術を新興国に売り込むというビジネスチャンスや、安全保障上の意味といったことについてコンパクトな解説が掲載されている。これは専門記者が常に技術の与える影響について多角的に考えている、すなわちループを作っているからこそ書ける記事である。ループ作りというのは、こうした視点を常に自ら作れるようにしておくということだ。

公に発表するのでなければ、そのループが正しいかどうかについて、常に精査する必要はない。必要なのは、情報からループを作るように脳を鍛えておくことである。

「ベタ記事」にこそ注目する

イプシロン打ち上げ成功のような大きなニュースであれば、ある程度、メディアの側がループを作って情報を提供してくれる。朝日新聞の解説記事はその好例である。しかし、それは誰もが簡単に入手できる情報だということもできる。大きなニュースは、長い時間、大きな紙面を割かれて、詳細に何度も伝えられるが、その過程で内容は世の中の常識になってしまう。それは知っておくべきことではあるが、「自分なりの情報」「他に先駆けた情報」ではない。

私は、新聞を読むときでも、大きなニュースにはもちろん目を通すとして、意識的に小さいニュースを読み込むようにしている。小さいニュースほど、実は世の中の新しい動きやトレンドを拾っていることが多いからだ。

具体的には、いわゆるベタ記事とされる一段くらいの小さい記事だ。新聞社やテレビ局、ラジオ局でニュースを選別するプロたちは、将来的に問題になりそうな情報を見抜く力がある。長年ニュースを扱い、なにか新しいことはないかと常に探しているからこそ、「兆し」のようなものが見えるのだ。ただし、大きく扱う理由や確証がないため、とりあえず小さく扱われる。プロの心に最後に引っかかったニュースと言ってもいい。

だから私は読みながら「ニュースの目利きたちが、〝これは捨てられない〟という感覚で選んだんだろうな」などと思いを馳せるようにしている。

ジャーナリストでインテリジェンスの専門家である手嶋龍一氏は、元外務官僚で作家の佐藤優氏との対談でこんな風に語っている（『賢者の戦略――生き残るためのインテリジェンス』新潮新書）。

「国家の情報機関から指導者に上がってくるような『諜報報告』がなくても、市井の人々でも、『インテリジェンス』を自力で紡ぎ出すことはできるわけです。誰でも目にしている日々のニュースは、その格好の素材です。ニュースそのものは、雑多な『インフォメーション』にすぎなくても、そこから貴重な『インテリジェンス』を精製して、組織や個人の決断の拠り所にすることは十分に可能です。『ベタ記事畏るべし』という言葉があります。新聞の片隅のベタ記事にこそ真の情報が埋め込まれているという教訓を言い表しているのでしょう。記者がニュースをことさら大きくしようと考えたり、主観を交えて分析したりしていない分だけ、事態がコンパクトにまとまっている場合も多いのです」

私も、小さいニュースの面白みは、丁寧に説明してくれている大ニュースと違い、解説や影響などが排除されている点にあると考えている。掲載する方も、その意味がわからない人はいいやと割り切っているのかもしれない。だから、自分で細かく読み込み、考えなくてはいけない。

これが結構、読む側としては面白いのだ。読み手側の「眼力」が試されるのが、ベタ記事なのだ。なぜこのニュースを載せたのか、他のニュースとどんな関連があるのか……。自由に想像力、推察を巡らすことができる。

私の見解では、こうした小さいニュースはあまりネットでは扱われない。ネットは各ニュースのアクセス数がわかるので、わかりにくいニュースや人気のないニュースは落とされる傾向にある。そういう意味では、ニュースを大小まとめて提供してくれる新聞が、小さいニュースを拾うのには一番適している。

「常識を壊す小さなニュース」を発見する

具体的な例を見てみよう。

産経新聞２０１２年２月24日付朝刊には、上海の河崎真澄特派員による「戻らぬ農民工、不足１５０万人超　沿岸部の労働力　背景に縮まる格差」という記事が掲載されている。記事には、「13億4千万の巨大な人口を抱える中国で、上海や広州など沿岸部が

150万人以上とされる労働力不足と、年平均13%以上アップの最低賃金高騰に苦しみ始めた。1月末の春節（旧正月）連休明けから1カ月近くが経過したが、内陸部の農村に帰省した出稼ぎ労働者（農民工）の多くが沿岸部に戻らない現象が続いており、一部の工場は操業再開のメドが立っていないという」とある。記事では、内陸部と沿岸部での賃金格差が縮小されており、「沿岸部ではもはや、労働集約型の工場進出が成り立たなくなったことを意味しており、日本企業など外資の製造業も対中事業戦略の見直しが急務となっている」との分析も加えられている。国際面に掲載された500字にも満たないこの記事は、重要な情報と視点を示していた。

中国は一時期まで「世界の工場」と称されていた。労働賃金が安く労働者が大量にいるという環境のおかげで、世界中の様々な製品が作られていたからだ。

たしかに少し前まではそうだったが、現在はかなり状況が変わっている。経済成長により中国の労働賃金はかなり高くなってしまった。「産業の高度化」も掲げており（それに成功したとはまだ言えないが）、単純な「工場」という役割から脱しつつある。

しかし、「世界の工場・中国」という言葉自体はずいぶん前から使われており、実態をうまく表していたため、それに囚われたままの人は多い。いまだにその視点のまま補強する情報を見つけてきて報じるメディアもある。

引用した産経新聞の記事は、短いながらに中国の労働環境が大きく変わっていることを伝えている。記者は「出稼ぎ労働者が戻ってこない」という情報をもとに「中国は世界の工場ではなくなってきている」ことを暗示している。これは記者の中でループ（この場合は「中国は世界の工場のままでいられるか」といった問題意識）があるからだ。

しかし、同じ産経新聞でももっと小さなベタ記事から、同じ結論を10年以上前に導き出すことも可能だったかもしれない。おそらくインテリジェンスの専門家のような情報感度の高い人ならば、次のような記事を見逃さなかったのではないか。「四川省で労働者デモ　賃金未払いに抗議」という共同通信発の記事が掲載されたのは、１９９７年11月23日付朝刊の国際面である。

「【香港22日＝共同】香港在住の労働運動家、韓東方氏が発行するニュースレター『中国労工通信』（九、十月号）によると、中国四川省の自貢市で十月十日、ラジオ工場の労働者約三百人が賃金未払いに抗議してデモを行い、主要道路を封鎖した。労働者は約三時間にわたって抗議活動を展開。警察官約二百五十人が駆け付け、一部のメンバーを逮捕した。

同通信によると、同工場の賃金は月五十―百元（一元＝約十六円）と最低レベルの上、約二千人の労働者の多くが一年以上、賃金を受け取っていないという。四川省では、三月に南充市の繊維工場の労働者が給与カットに抗議して市役所を封鎖したほか、七月にも綿陽市の失業者がデモの最中に警官隊と衝突するなど労働争議が多発している」


全部で400字にも満たない記事で、ここに書かれているのはシンプルな事実関係のみ。記者の分析は含まれていない。しかし、ここからわかるのは、労働者たちの立場が以前よりも強くなっている、ということだ。労働者の立場が強くなるのは、人手不足の時である。そして、それは賃上げにつながっていく。

「四川省で労働争議が起きた」というだけでは、さほど意味のない情報だろうが、そこからループを作って行けば、「中国は早晩、世界の工場ではなくなる」という結論をかなり早く導き出すことは可能だったかもしれないし、実際にそれを読み取っていた人もいたことだろう。

もちろん、その仮説が絶対に正しいかどうかはその段階ではわからないが、少なくとも将来の展望を考えるのに役に立つのは間違いない。このようなループを持っておくと、また別のベタ記事を見たときに、その情報をどのように位置づければいいかが自然とわかってくる。

そこから、さらに思考を進めていくことで、「自由な活動を許さない体制で高度産業国家になることは可能か」「10年後の中国は、今の共産党が治める中国だろうか」と、より大きな問題を考えるきっかけを作ることもできる。

常識や固定観念にとらわれ、大きなニュースを追うだけでは、ループをいつまでも更新できない。「中国＝低賃金の産業国家」というイメージに拘泥し、それを補完するようなニュースにばかり注目するようになる。将来の展望を読むにも、印象論や偏見でしか判断できない。往々にしてコメンテーターの意見が横並びで紋切型なのはそのせいだ。

必要なのは、「新しい情報の価値を認めて、古い情報を捨てる覚悟」である。

慣れ親しみ、心地よい「快楽情報」に人はしがみつきがちだ。だから、なかなか固定観念が捨てられず、紋切型の説明や手垢のついた解釈が横行する。これまでも繰り返し述べてきたとおり、「情報の陳腐化」と戦え、ということなのだ。

既存の情報とのズレから書き換えを行う

新しい情報をループに入れると他の要素とのずれ、軋轢が生ずることがある。そのずれはループに緊張感をもたらす。この〝緊張感〟が重要なのだ。

例えば「大阪の主力産業である家電業界はテレビ事業の不調もあって景気が悪い」という情報と、「2012年の後半の心斎橋筋の人出は鈍い」という情報は私のループの中では自然と結びついていた。

ところが、2013年に入って街を歩くと、心斎橋筋の人出が著しく多くなったことに気付く。しかし、相変わらず「家電業界の景気がいい」という話はない。となれば、それとは別の要素があるはずだ。それは何だろうか、という「ひっかかり」を頭の中に置いておく。すぐに答えが出ないかもしれないが、そうした「ひっかかり」があることで、別の機会に入ってきた情報に価値を見出すことができるようになる。そうすると、ループは更新されることになる。

こうしたループが頭の中に無数に存在し、そのループ同士がまた絡み合っている。だから、どこかの情報が更新され書き換えられたら、まったく別のところにあるループが部分的、または全体として書き換えになる可能性もある。

そういう意味では毎日捨てられる情報が山のようにある。新しいものが入ってくれば、古い情報はループのカレントな（現在進行形の）つながりの中では捨てられて、「昔こういうことがあった」程度の扱いになる。私はそういう情報の入れ替え、ループの作り直しを常に行っている。

重要なのは、あまり完成したループを作ろうとしないことだ。それをあまりにがっちり作ってしまうと、「そのループにうまく入らない情報がおかしい」となってしまう。「中国は世界の工場だ」というループが固定化されてしまっていると、労働争議のニュースは単なるノイズになってしまう。「へえ、そんなことがあったのか、物騒だな」程度の感想を持って、忘れてしまうかもしれない。しかし、それでは先を読むことはできないだろう。

自分の持つループは常に「一つの仮説」に過ぎない、ということは強く意識しておく必要がある。それに合致しない情報が入ってきたときに、できるだけ排除せずに、ループを更新、強化する材料だと考える思考の癖をつけなくてはならない。世の中は常に動いていて、「自分の知らない新しい流れが出てきているのではないか」と考えることを楽しみにしなくてはならないのだ。

私が人と直接会ったり、街を歩いたりして得る情報を重視するのもこの点にある。マスコミのニュースを通じて得る情報は、有益なものも多いが、どこかで他人のループを経たものなので、どうしても陳腐化されていることがある。それに比べて現地で直接体験し、自分の耳目で得た情報のほうが、はるかに意味を持つことが多い。

北京の一角にある王府井という繁華街は、今でこそ大都会の風情だが、30年ほど前に私が訪れた際には寂れた街だった。片道一車線の狭い道路で、その周辺にはシャビーな商店があるだけだった。人々は自転車に乗り、車の数は少なかった。

ところがその後訪れるたびに、街は賑わうようになった。道路が舗装・拡幅されて、今では新宿の商店街のように人がわんさと出て買い物を楽しんでいる。いったいこの街はなぜここまで変化したのか。そういう視点で街を観察すると、いろんなことが見えてくる。食べているものはなにか？　飲食店は混んでいるか？　何を買っているのか？　どこから来た人なのか？

この街を定点観測することは、私にとって中国の現状を知り、先を分析するのにとても有効な手段である。ここで得る「実感」は、日本メディアの伝える情報とは別の次元で、ループを強化するのにとても役に立っている。

もう一つ、別の例をあげてみよう。２０１０年は「３Ｄテレビ元年」だと言われていた。「３Ｄ元年　Ｗ杯　テレビに追い風」と題した記事（読売新聞２０１０年６月18日）は、こんな書き出しで始まっている。

「『ボールが自分に向かって飛んでくるようだ』

東京都内の家電量販店で、特殊なメガネをかけてテレビを見ていた会社員（63）は興奮気味に話した」

続く本文には、「付加価値の高い３Ｄテレビが増えれば、価格下落に歯止めがかかる可能性もある」という分析が書かれている。この頃、同趣旨の記事、報道が多く見られた。

こうした記事を書く人の頭の中には「不振ではあるが、日本の家電メーカーの技術力、ものづくりの力はまだ強いから、新商品によって局面が変わる可能性がある」という仮説（ループ）があったのかもしれない。しかし、私はどうも怪しいと思っていたので、その頃、ブログに次のような文章を載せた（大意）。

「新しモノ好きの自分でも、３Ｄテレビには興味がわかない。

家電量販店の店員と話したが、『メガネなし』の３Ｄテレビができるのはまだ当分先だと聞いて、やはり興味が薄れた。その理由は以下の通り。

・メガネの問題を含めて、３Ｄテレビは『かまえる』必要があるテレビだが、これは通常は『ながら』で見る私のテレビ視聴習慣と相当違う

・『かまえて』見るなら、相当な中身がなければならないが、それだけのソフトが揃っていない

・家族全員があの黒いメガネをかけてテレビの一番組を見ている姿が滑稽で、乗り気になれない

店員に聞いたら、『(売れ行きは）ぼちぼち』と言っていたが、印象としては売れてい

ないと思えたし、当面爆発はないだろうなと思う。

何か技術的ブレースルーが必要だろう」

私の中ではかなり前から「日本の家電メーカーは、消費者のニーズをつかめなくなって久しい。アップルのように革新的な商品を作る力も衰えている」という思い（これもまた一種のループ）があった。

その観点から考えた場合、３Ｄテレビは、新たな可能性を示す商品には思えなかった。実際の現場で販売員に聞いた結果も、そのループを補強するものであった。遠い将来は知らないが、とりあえず３Ｄテレビに関しては、私の見立てはそう誤っていなかったと思う。

「日本はものづくり大国」といった古いループを持ち続けると、先を見誤ることになるのだと思う。

余談だが、アメリカのアップル本社に行ってみると、正面入り口に「one infinite loop」と書かれていた。訳せば「無限（無数）のループ」となるだろうか、由来はプログラミング言語だそうだ。私がループという概念を持つようになったのは、かなり前なので、アップルとの一致は偶然なのだが、考え方がとても似ているのに驚いた。しかも、アップルの新しい本社ビルは上空から見ると、綺麗な円（ループ）の形になるという（14頁の写真参照）。世界がつながっていることを表現しているように見える。実に象徴的だ。

アップルは、自社の製品をあらゆる形でつなげていく（ループを作る）という理念を強く持っているのだろうと思う。

たとえばアップル製品では、PC（Mac）とiPhoneとiPodとアップルウォッチがすべて有機的につながっている。2014年に発売された腕時計型端末のアップルウォッチは、iPhoneともPCとも連動している。ひとたびアップルのユーザーになった顧客は、続けてアップル商品を買いたくなるような仕組みをループのように作っている。

そして、このループの概念がないことが、日本のメーカーの根本的な欠陥となっている気がしてならない。ソニーのVAIOユーザーが、他の家電を買うときに、ソニー商品で揃えたくなるような仕掛けがない。他のメーカーも同様である。前述の通り、私は2台目のスマホとしてシャープの製品を愛用している。しかし、そこを起点として買うべき商品がシャープには見当たらない。

これではアップルにしてやられるのも無理のない話ではないだろうか。

日本のメーカーの場合、大抵、部門別に作るものが分かれている。「テレビ屋」「スマホ屋」「洗濯機屋」「掃除機屋」といった専門家が部門ごとにいて、それぞれが競争をしている。「うちの部署は対前年の売上伸び率があそこの部署より良かった」といったことで競争するから、どうしても他部署との連携がうまくいかない。これでは発想のループ、製品のループなどできるはずもない。私は「ものづくり大国日本」の衰退の原因もこのあたりにあるのだと考えている。

これに関連して、私は最近非常に興味深いことに気が付いた。

「日本が得意だった製造業の分野でアングロ・サクソンは復権しつつある」ということである。「そんなばかな」と思う人が多いかもしれない。製造業は日本やドイツのものだ、と。しかし、それはもはや我々の思い過ごしなのではないか。

少し冷静に身の回りを見渡して欲しい。我々の身の回りには、アメリカやイギリスなどアングロ・サクソン諸国の会社が作ったものが沢山ある。70年代、80年代のアメリカの家庭にソニーなど日本の製品が深く入り込んだ以上にあるのだ。私はスマホ類をすでに触れたように合計3台使っているが、2台はiPhoneなどアップル系、PCもMacが

3台ある。加えてアップルウォッチだ。

掃除機にしても、いつの間にか国産ではなくルンバ（アメリカ）やダイソン（イギリス）を使うようになっている。

読者の皆さんの中でも、身の回りの電化製品の「国産率」は下がっている方が多いのではないだろうか。

東京の表参道には面白い景色が展開している。ダイソンとアップル、2社のショールームのような大型店が300メートルも離れていないところにあるのだ。

ダイソンのそれは骨董通りから来て青山通りの向かいの側、ビルの1階に瀟洒な佇まいで存在する。従業員のアタイア（衣装）も揃っていて気持ちが良い。並んでいる商品も、「こんな発想ができるんだ」と感心させられるようなものが多い。例えば、扇のない扇風機（送風機）あたりは、かなりインパクトがあった。

そこから原宿の方向へ数分歩くと、今度はアップルの大型店がある。ここも瀟洒な作りで、ずらりと並んだ新製品を見るために、多くの人が詰めかけている。表参道周辺は、東京の中でも流行に敏感な地域と言えるだろう。残念ながら、そこには日本の企業のショールームはない（ひょっとしたら、どこかにあるのかもしれないが、目立たないので知らない)。

第二次大戦後の製造業をリードした国は明らかにドイツと日本だった。これに多くの人は異存がないだろう。だからこそ両国とも戦後の焼け野原から立ち直り、豊かな国になった。しかし、その日本では家電メーカーが次々と経営難に直面している。そしてドイツはといえば2015年、国を代表する企業のフォルクスワーゲンが燃費データをごまかした問題で世界的なバッシングを受けた。ともに得意だった筈の製造業で躓いたのだ。

ではなぜ今になってのアングロ・サクソンの復権なのか。それは経済を動かす基幹技術が、「枠組みのテクノロジー」としてのITとそれを駆使したネットに移ったからだ。インターネットがアメリカの軍事システムの中から生まれたことはよく知られている。そもそもネットというのはシステム、つまり「枠組み」そのものである。

そろそろ日本もドイツも、「実は躓いてしまっていた」ということをもっと素直に認めた方が良いように思う。その象徴が日本の表参道の小さな地域に集まったアングロ・サクソン企業のショールームの存在なのである。

実は、もともとアングロ・サクソンは「枠組み」(または「仕組み」)を作るのがうまい。近現代においては最初にイギリスが、次にアメリカが世界の枠組みをずっと作ってきたと言ってもいい。今ある世界的機関のほとんどはこの二つの国の先導で作られたし、その法的枠組みも彼らが作った。繰り返すが、消費者が買うモノを作るのがうまいのは日本とドイツだった。ともに職人文化があり、良いモノを作ることを尊ぶ美意識があった。アングロ・サクソンにはそれがなかった。言ってみればアメリカやイギリスは「モノ作りの敗戦国」だった。

しかし事情は大きく変わりつつある。世界の基幹技術が「枠組みの技術」(ITとそれを駆使するネット技術)になったことにより、ITやネット技術を単体製品でいかにうまく使うかしか関心のない日本企業の劣位は明確となった。家電を見れば良くわかる。日本企業は企業の一部門や製品の中でしかITとネット技術を使おうとしなかった。つまり新技術の可能性を企業の部門や製品に押し込めようとした。

しかし、ITと関連技術の本質はシステム(枠組み)である、と最初から認識したアングロ・サクソンの企業は、その「システムとしてのIT・ネット技術」に会社の組織、人事、そして製品、サービスを適合させようとした。日本とは逆だ。だから当然ながらITとネット技術が産業として花開いたのはアメリカだった。「クラウド」という考え方もその結果だ。だからこその「アメリカ企業の復権」なのだ。そこにダイソンなどイギリスの企業も加わる。

アップル、グーグル、フェイスブック、ツイッター等々、この20年ほどで世界的企業になったのはそのほとんどがアングロ・サクソンの企業だ。残念なことだ。

ガラケーが２０１７年に消えるがごとく、私たちの身の回りからも今のままだと日本製品や、そのサービスが少なくなっていくと思う。スマホがすでにそうだが、これからは車も家も何もかも「ＩＴシステムの一部」になる。最近よく耳にする「Internet of Things」（IoT）という言葉はそういう意味である。システム、仕組みそのものが商品でありサービスとなる。日本が得意とするような個々の製品は、システムの一部になりうるだけだ。アメリカはそれを「Industrial Internet」と呼んでいる。

この流れにドイツは日本よりも先に気付き、危機感を持っている。「このままではアメリカにやられる」と考えたドイツは「Industry 4.0（第４の産業革命）」という構想を打ち出している。「企業の壁を越える形で生産から消費までのモノの流れ全体をネットワークによってループ化し、生産工程のデジタル化・自動化・バーチャル化のレベルを現在よりも大幅に高め、納期や品質を向上させながらコストの極小化を目指す」という構想である。官民一体となってドイツの産業界全体を「ITを駆使する〝システム〟」にしようという試みだ。

時代は枠組みであり、システムなのだ。さて日本はどうするのか。

知らない世界のニュースを積極的に読む

話を個人のループの方に戻そう。情報のループを作るには、常に情報の新陳代謝を行う必要がある。しかし、快楽情報の項でも述べたように、どうしても人間は自ら好む情報を選んで取り入れてしまう傾向がある。好き嫌いで情報を選り好みする「偏食家」になるリスクがあるのだ。

それを避けるために、新聞などを固定しない、ということはすでに述べたが、それ以外に筆者が意識しているのは、まったく自分と関係のなさそうな情報を意識的に取り入れるようにする、ということである。

新聞でも雑誌でも、普段はどうしても政治や経済の記事ばかりに目を通してしまう。

だから時々、思いついた時でいいので、文化面や家庭面を詳しく読むようにしているのだ。毎日である必要はなく、私は月に数日程度だけ実行している。

これが、自分の中に全く新しい世界を作るに等しいほど面白い。月に数日だけでもやっておくと、自分のカバー領域がかなり広がることに加えて、良く知っている世界と知らない世界、あまり興味がなかった世界とが実はつながっていることを発見できるのだ。

たとえば、日韓関係については、お互いにいがみ合っている、という報道が多い。最近でこそ改善の兆しが見えてきたが、一時期は政治面、国際面を見ると、悪化の一途を辿っているとしか思えない時期があった。

それは事実ではあるのだが、事の一面でしかないことが、文化面やスポーツ新聞を見るとよくわかる。いまだに男女さまざまな韓流スターが来日して、ドームやアリーナでの公演を大成功させているのだ。

そこに集まっているファンたちを「ただの変わり者」と片付けてしまっては、もったいない。どこにそんなに惹かれるのか。なぜジャニーズやＥＸＩＬＥでは満足できないのか。それを考えることで、新しいループを作ることができるだろう。

新聞に限らずテレビ、ラジオでもいつも見ている局、聴いている局は心地よい。なじみの店に入った感じに似ている。しかし、そこだけでニュースを見ていると、知らないうちにその局や番組の見方を持ってしまう。言い換えれば、その局の作ったループを無意識に取り入れてしまっているということだ。それを補正する意味でも海外のニュースを見るのは良いと思う。

「自分が知らない、詳しくない分野の記事に時々目を通す」という習慣は、その人の頭の領域を大きくしてくれる。時には新しいループを作ることにもつながる。ループの数や規模が大きくなるのだ。これは情報の質と量を高める上で非常に重要だと思う。

専門家を選ぶ基準

情報をただ取り入れるだけでなく、それを活用する時には、「掘り下げなければいけない」と考える人は多い。

むろん、ある程度の「掘り下げ」は必要だし、その考え方は必ずしも間違いではないと思うのだが、正直なところ、私は「掘り下げは専門家に任せればいい」と割り切っている。

ループを作る作業においては、必ずしも専門的な知識、深掘りした知識は必要ではない。受け手側に求められるのは、深さよりも「俯瞰する能力」である。

そのニュースの自分にとっての意味を判断し、価値付けして、活かすことだ。ある人にとっては意味のある情報であっても、別の人にとっては無価値であることは十分あり得る。問題は、「何が自分にとって価値のある情報か」という判断基準を持つことである。その問題について「深く知っているわけではない」という前提の中で、自分とどう関わりがあるかを判断するのは自分しかいない。

各分野、各部門に「専門家」と呼ばれる人は必ず存在する。大学の教授や専門機関の研究員だけでなく、現場にいる人も「専門家」だ。彼らは我々よりその問題をずっと調べ、向き合ってきた人たちだ。情熱もお金も時間もかけてきた。だから、その問題を深く掘り下げる時には、彼らの意見を聞けばいいし、本を読めばいい。頭に余力があるのならば、どんどん専門的な知識を入れてもいいだろうが、そうでないのならば、深掘りはあまり効率的ではない。

そうはいっても、現代においてはどの分野においても「専門家」自体が数多くいるので、誰を信用していいかわからない、と思う人もいるかもしれない。これは悩ましい問題で、正解はないのだが、私自身は、次のように考えている。

まず、意見が分かれる件については、両極端の立場の意見を聞くことを心がけている。例えば原発事故の直後には、「反原発」の人たちと、いわゆる「原子力ムラ」の人たちとで意見が真っ二つに分かれ、対立していた。そのため両方の立場の意見を意識して聞くようにしたのだ。出演しているラジオ番組では、何度も反原発運動の急先鋒のような学者に出演してもらう一方で、「推進派」とされる学者の方にも話を聞くようにした。

ただ、基本的に、極端なことを言う「専門家」についてはあまり信用しないようにしている。「日本経済は破綻する」「EUは崩壊する」「地球は終わる」といった過激な見立て、表現を売りにしている専門家は多い。

こういう表現のほうが、売りになることはよくわかる。雑誌の記事のタイトルに使えるし、本のセールスにも貢献するかもしれない。そして絶対に外れるとも言えない。

しかし、私はどうもこうした物言いをする人を信用できないのだ。私のモットーが「Life Goes On（それでも人生は続く）」だということとも関係しているのだが、人の世の中はそう簡単に終わったりはしない、と私は考えている。現にリーマン・ショックの後も、経済は大打撃を受けたが、どこも「終わって」はいないではないか。この間、どれだけの「専門家」が日本経済の破綻の危機を煽っていたことか。

極端な表現で恐怖を煽るタイプの専門家は、どこか信用できない、というのが私の考えである。原発事故の後には、随分とこのタイプの人が積極的に出てきていた感がある。その頃、糸井重里氏は、ツイッターで次のように述べていた。

「ぼくは、じぶんが参考にする意見としては、『よりスキャンダラスでないほう』を選びます。『より脅かしてないほう』を選びます。『より正義を語らないほう』を選びます。『より失礼でないほう』を選びます。そして『よりユーモアのあるほう』を選びます。」（２０１１年４月25日のツイート）

これは名言だと思う。まったく同感である。

なお、恐怖を煽るような極端な意見だけではなく、極端な楽観論も基本的には信用していない。「日本に再びバブル景気が来る！」という類の言説である。

要するに、極端なことを言う人は単に目立ちたがっているだけではないか、というくらいに思うようにしている。

もう一つ、専門家については「現場に行っている人」を重視するよう心がけている。よく歩いている人、と言ってもいい。紙の資料やデジタル情報だけ、もしくは自分にとって都合の良い取材相手の話だけで論理を構成する人は信用できない。

私の番組（「Round Up World Now!」）では、中国情報を伝えるにあたり、定期的に富士通総研主席研究員の柯《か》隆《りゅう》氏を招いている。なぜ彼を信頼しているのか。それは現場に出向いているからだ。

例えば彼は、定期的に上海に行き、ある高速道路で通過するトラックの数を定点観測している。その数を現地の経済状況の指標としているというのだ。

中国の専門家と称する中には、入国を禁じられているような人もいる。それ自体は同情すべき点であるし、都合の悪い相手の入国を禁じるような中国の姿勢は決して肯定できない。しかし、私としてはやはり現地入りしてナマの情報を仕入れることができる人から話を聞きたいと思う。

これは、もちろん中国に限った話ではない。世の専門家の中には、過去、もしくは現在所属しているグループ（組織、企業、官公庁など）について、裏事情を披露しながら厳しく批判する人がいる。それらはインサイダーならではの情報も多いことだろうし、傾聴に値するものもあるだろう。

ただし、その人がそのグループと決定的に関係が悪くなっているような場合は、その情報にはある程度注意をしておいたほうがいいかもしれない。

関係が悪いということは、ナマの情報を取りづらくなっている可能性がある。すると、限られた過去の経験をもとに、話を膨らませたり、よりマスコミに受けるように改変したりしているかもしれない。また、個人的な恨みなどの感情がバイアスとなっている場合もある。

過去、もしくは現在の所属組織について、断定的に「諸悪の根源だ」といったセンセーショナルな物言いをする人の言説には、少しマユにツバをつけて接したほうがいいような気がする。

専門的なニュースは語源から確かめる

専門的な知識を要するニュースを頭に入れるに際して、私が心がけているのは、言葉の正確な意味を知っておく、ということである。

「STAP細胞が発見された」というニュースは大々的に報じられた。当初、メディアはiPS細胞を超える世界的な大発見だと賞賛した。同時に、研究員の小保方晴子さんにも注目が集まり、「リケジョの星」「かっぽう着の研究者」などともてはやされた。しかし、これらは面白いネタではあるが、必ずしも必要な情報ではない。

その反面、STAP細胞自体がどのようなものなのか、正確に理解している人は少なかったように思う。私はこういった新しいニュースに直面した時や、新しい事件が起きた時は、まずその対象を正確に理解するように心がけている。具体的には、「STAP細胞」のような新しい言葉が出てくれば、まずその言葉の正確な意味を捉えるようにするのだ。外国語由来の言葉なら、元の言葉まできちんと遡る。

ＳＴＡＰ細胞のＳＴＡＰとは「Stimulus-Triggered Acquisition of Pluripotency」の頭文字である。日本語では「刺激惹起性多能性獲得」だ。嚙み砕けば、「刺激がきっかけとなっていろいろな性能を持つようになった」細胞ということになる。

一方で比較対象となったｉＰＳ細胞は「induced pluripotent stem cells」の略。日本では「induced」を「人工」と略して「人工多能性幹細胞」としていることが多いが、より正確にいえば「人工的に誘発させた」というニュアンスだ。つまり「人工的に誘発させて作った多能性を持つ幹細胞」ということになる。

こうした言葉の意味を知っておくことは、本質を捉える際に有効なうえ、ちょっとした雑学として披露することもできるからお勧めである。「ＡＩＩＢ」「ＡＤＢ」「ＴＰＰ」「ＴＰＡ」「ＦＴＡ」等々、耳慣れない略語は増える一方で、頭が痛いことかとは思うが、何の略称かを知っておくだけで、かなり用が足りることが多いということは覚えておいていただきたい。

ループ作りのベースには論理性が必要

ＳＴＡＰ細胞騒動の時には、かなり早い段階で、その存在について疑問の声が上がっていた一方で、小保方さんを信じて「いじめるな」といったことを言う人もいた。あれほど重要な論文で「コピペ」などの欠陥が次々見つかるのはおかしい。だから論理的に考えれば、存在に疑問を持つのは当然である。

一方で、小保方さんを信じようとした人の考えはどうだったのだろうか。

・あんなに若い（可愛い？）女性が、そんなに悪いことをするはずがない。
・すぐにバレるようなウソをつくメリットが彼女にはない。
・若い才能をすぐに潰そうとするのは日本社会の悪い癖だ。
・メディアはいつも持ち上げた後に、引き摺り下ろす。不愉快だ。

こんなところだったように思う。いずれも気持ちはわかるのだが、科学に関する問題を論理的に考えていく上ではほとんど意味がない。ループを作る際に、重要なのは事実に基づいて論理を作る、ということである。論文の正統性と「かっぽう着」「小保方氏の動機」「日本社会の特性」「メディアの習性」はいずれも関係がない。

こうした要素に囚われると、きちんとしたループは作れなくなる。ループは先入観や好みを取り除いて、論理性のもとに作らなければならない。その論理性を身に付けるためには、第1章で触れたように「本を読むこと」が役に立つ。1冊の本の中には、その著者の持つ論理が軸として通っている（そうではない本もあるだろうが）。

論理展開は、その人、その本によってさまざまだろう。さまざまな本を読むうちに、多様な論理が無意識のうちに血肉となる。これがループを作る上で大きな意味を持つはずである。

4 情報の出し方

紙の資料はとっておかない

私が社会人になった頃は、スマホやＰＣはもちろんのこと、個人がパーソナルに使うデジタル機器などというものは存在しなかった。せいぜい電卓くらいだろうか。

だから、その頃は情報を貯める作業は極めてアナログ的なものだった。具体的には、気になる記事、取っておきたい記事を切り抜いて、箱に入れるという作業の繰り返しであった。もちろん箱ごとにテーマを決めていて、そのテーマについて調べたいときに箱を漁ることになる。今でもスクラップブックで整理しているという人もいるのだろう。

初めて買ったデジタル機器はＮＥＣの「文豪８Ｎ」。確か私がニューヨークから帰国した１９８０年代の初めだったと思う。50万円ほどの値段で、わざわざ説明のためにインストラクターが２日間我が家に来たのを覚えている。ＰＣではなく、ワープロ専用機だ。

今でも実家には置いてある。数年前に動かしたら、ちゃんと動いた。「5インチ・フロッピーディスク」が外部メモリーで、文章作成や表計算のような仕事ができるだけで、当然、調べごとには使えない。それでも、「メモリーにデータを書き込んでおけば便利だ」「書き込むプロセスが頭をまとめるきっかけになる」ということを覚えることには役立ったと思う。

その頃のことを考えると、ＰＣ登場後、情報の整理は実に簡単になった。フォルダを作り、そこに関連の文書などを放り込んでおけば済む。ＰＣの性能が低い時は、それを探すのにも手間暇がかかったが、今は検索ワードを入れれば一発で取り出すことができる。クラウドを使えば、ほぼ無限に情報を貯めこむことができる。

そのため紙の資料に関しては、３年くらい前に大きな方向転換をした。「あらゆる紙の資料は捨てる」ということにしたのだ。

それ以前は、部屋の景観が悪くなるほど資料が溜まっていた。報告書、放送用の資料や台本、新聞や雑誌の切り抜き……とにかくこの手の資料は凄い勢いで、限りなく溜まっていく。

あるとき、ふと「読み返しもしないのに必要なのか」と自分に問うてみた。たしかに溜めた時点では、「将来必要になるかもしれない」「これは面白いから後で読もう」と思っていた。しかし実際には後から読み返したものなど、ほとんどなかったのだ。ならば答えは一つ。この膨大な紙の資料は、まったく不要な残骸だ。だから全て廃棄することにした。一つ残らずだ。躊躇はしなかった。膨大な資料を全て捨てた。

何となく心配になって、紙の資料をスキャンして保存したくなるところだが、それも思い切って一切やらないことにした。

それでどうなったか。実際に困ることは何もなかった。何か思い出したいことがあれば、もう一度調べればいい。ネット上の検索窓に単語を入れれば、たいていのことは一瞬で答えが出る。

もちろん、テレビやラジオの進行中は紙に印刷した資料を使うし、新聞や雑誌も読む。しかし、それも一切残さない。資料は、局に置いて帰り、家には持ち帰らない。雑誌や新聞も買ったその場所で読んで捨てる。例外は認めないことにした。紙の資料はカビのように増殖すると私は考えている。

ではデジタル情報をどのように整理しているか。私の場合、主にフェイスブックを活用している。

気になった記事、とっておきたい記事などは、そのＵＲＬを自分のフェイスブックのページに貼り付けておくのだ。その際には、コメントを加えることも多い。コメントはごく短い時もあるし、長めの原稿になることもある。その場合は、ブログとしてアップする。要するにインプットと同時にアウトプットを行うことを習慣づけているのだが、これが情報の整理、ひいては脳内の整理につながっている。

アウトプットが脳内を整理する

私は、１日１回はどこかで自分のＨＰの１コーナーである「Day by Day」にまとまった文章を書くことにしている（http://www.ycaster.com/ または http://arfaetha. jp/ycaster/）。長いときには２０００字に達することもあるので、雑誌に寄稿するものと変わらない。この執筆は１９９６年以来続けており、私がもっとも頻繁に書く〝原稿〟でもある。そこで書くのは、ニュースなどに関する私自身の見解のこともあれば、ほとんど備忘録代わりの文章であることもある。そうしておけば将来、検索するのが便利なのだ。私の場合、検索パターンは、「ycaster＋〇〇〇」（ycasterは私のネット上のハンドルネームで、HPのアドレスに「ycaster.com」という形でこれを使っている）である。過去に自分がその問題についてどう書いてきたかなどがすぐにわかる。その時使った細かい数字まできちんと出てくる。

「あれ？　ブータンに行ったのはいつだったっけ？」と思った時なども、この検索ですぐにわかる。これを私は「自己検索」と呼んでいる。

文章を書くだけでなく、単に「これは面白い」と思ったニュースをフェイスブックにアップすることもある（最近は後者の方が多い）。海外の新聞などで面白い記事があると、なるべくフェイスブックなどにアップするようにしている。ちょっとしたコメントを付けることもあるし、その時間がないときにはアップだけでもする。そうするとニュースによってはみるみるレス（コメント）が付く。

フェイスブックの場合、「いいね！」の反応数しかわからないのだが、それでもその数が多いと「あ、この話題にはみんな興味があるんだ」とわかる。私の書き込みに対していろいろ意見を書き込んでくれる人も多い。双方向の情報交換ができてこそ味わいを増すし、忘れないものになる。必ずしも肯定的な反応ばかりである必要はない。情報はいろいろな負荷がかかり、こすれあいがあってこそ面白さが増す。

アウトプットをすると、それに関して様々な反応が来る。「それについては、こんな話もあります」と新しい情報や見方を提供してくれる人もいるし、「あなたの見方は間違っている」と論争を挑んでくる人も出てくる。そうしたやりとりの中で、自分の「見方」やループのブラッシュアップ（刷新）が可能となる。

最近では、こんなことがあった。私が愛用していたナイキの商品のメンテナンスを、購入店に依頼に行ったところ断られた。

「その商品は、もう生産中止で扱っていません。対応できません」

しかし、私がそれを買ったのはわずか半年前である。納得できないでいると、

「領収書を持ってきていただければ、返品も受け付けますが」

そんな半年も前の領収書を取っているはずがない。あまりに腹が立ったので、そのことをフェイスブックに書いておいた。メーカーは生産したものについて、一定期間はメンテナンスなどサービスを責任もって行う必要があるのではないか、といった意見も添えておいた。

すると、読んだ人から「伊藤さん、以前、リコーに対しても同じようなことで怒って

いましたよね」とレスが書き込まれた。たしかにそうだった。自分でも忘れていたようなことを、その指摘で思い出すことができたのだ。ナイキの一件について話したり、書いたりする際に、もう一つネタが増えたことになる。この場合は読者がループ作りを手伝ってくれた恰好である。

自分で考えているだけでは新しい情報を取り入れるというインセンティブが働きにくいし、ただインプットしたままでは、情報はそのうち死んでしまう。それはもったいない話であり、何らかの形で頭の中でループを作りながらアウトプットすることが情報のハンドリングを上達させる。

実際にやってみるとよくわかるのだが、このように出し入れした情報ほど頭の中で整理整頓される。ループも作りやすいので、あとで取り出しやすい。それ以外の情報は、自然と淘汰されて捨てられる。

なお、私の場合はフェイスブックとブログを情報をためるフォルダ替わりにしているが、これは万人にお勧めできる方法ではないのも事実である。企業や組織に所属していると、どうしても外部に発信することには慎重になる必要がある。社内ルールなどさまざまな制約もあることだろう。

そういう場合には、非公開の日記でもいいし、自己メールでもいいと思う。とにかく気になった情報をＰＣやクラウドに放り込んでおく。すると、思わぬ時に使えることがあるのだ。

一時期は、こうしたデジタル情報を整理することも考えたが、結局無駄なのでやめてしまった。現在の検索機能があれば、なんでもすぐに取り出せる以上、ＰＣを整理して綺麗にしたところで自己満足に過ぎない。そんなことに時間をかけるくらいならば、別のことをやっていたほうがいいと思う。

情報は惜しまずに放出する

せっかく自分で考えたアイディアなどを、わざわざブログに書いて放出するのはもったいないのではないか、と思う人もいるかもしれない。実際に先輩の評論家の方から、「伊藤さん、もったいないじゃない。あんなに出したら」と言われたこともある。「へえ、そう考える人もいるんだ」と思った。しかし、先輩には悪いが、「もったいない」というのは完全な間違いである。

本当にあなた自身やごく限られた人しか知らないような極秘情報であれば、こっそりとっておく意味もあるだろうが、実際にそんな情報は滅多にない。情報はただ頭に入れているだけでは、なかなか使えるものにはならないのだ。

何らかの形で「使おう」「まとまった形にして出そう」とする気持ちがないことには、なかなか情報をループに取り入れることも進まないし、また頭の中に留めておくこともままならない。これは学生時代の勉強や、会社に入ってからの後輩への指導のことを思い出せば容易に納得できる話だろう。

いったん頭の中に入れて、わかった（と自分では思っている）ことを脳の中に整理し、固定化するのにもっとも役に立つのは、「わかっていない」人に教えてあげることである。それをすることで、知識はより自分用にカスタマイズされ、整理される。自分でわかった、と思っているだけでは、すぐに忘れてしまう。

「わかっていない」人に順序立てて説明するというのは、ループを作る作業とよく似ている。そうしようという気持ちがその情報の精度を高め、その人の思いを強くする。

考えてみれば我々一人一人が「情報を得る」という行為を繰り返しているのは、それは「いつか仕事や趣味に活かす」「いつか話す」「いつか書く」という前提で取得しているとも考えられる。つまりインプットはアウトプットと常にセットなのである。

ちなみに、私はホームページやブログの作成を人任せにしていない。自分で毎日HTML言語（インターネットサイトで使われる共通言語）を書いている。「毎日書いている」と言っても、主要なタグ（たとえば<FONTCOLOR=#FF0000>は〝赤〟を意味するし、
は改行を意味する）をコンピュータのユーザー辞書に登録してしまえば、全く難しい話ではなく、誰にでもできる。HTMLを知っていると、例えばサイトの「ソース」を見て、中の構造を眺めることができる。これはこれでサイトの意図したものとは別の情報が得られる、という利点がある。

このおかげでネットの各サイトを見て、わかるようになったことがある。

たとえば、サイトの信頼性を見抜く能力がアップした。一見、よくできたサイトであっても、個人が著作権などを無視して写真をあちこちから持ってきて貼り付けて作っているようなものがある。HTMLのようなプログラミングの言語がわかると、そのサイトのそういう「裏の事情」がわかる。

写真を勝手に使っていることと、そこで述べられている情報の正確さとは直接は関係がないと考える人もいるだろう。しかし、私はそういう「作法」を守らない人のサイトについては、多少マユにツバして見ておくほうがいいと考えている。

アウトプットが発信力を強化する

私は社会人になった1973年以来、ずっと文章を書き続けてきた。英語の翻訳をしていたときもあるし、特派員として毎日ニューヨークで数多くの記事を書いていたときもある。それらの時期を通じて、一貫していろいろな雑誌に記事を寄せていた。さらに1996年にネット上に自分のHPを作ってからは、実に大量の文章を書くことを毎日の楽しみとしてきた。

今は以前ほどではないが、それでもより多くの人に読んでもらいたい、という気持ちを持ち続けている。自分にとっても、読む人にとっても飽きの来ない文章と中味であるように心がけ、自然体でありつつもカバーする範囲は広くしようと思っている。経済から政治、社会、さらにはスポーツ、文化、趣味とテーマはある意味きりがない。自然と興味を持つ範囲が今でも広がっているように思う。

情報に関しては、どうしても「受ける」ことだけを考えがちであるが、強調しておきたいのは情報はいろいろな形で「出し入れ」することによってより使える物となり、面白い物になりうるということだ。単なる情報として入れているだけでは面白くないし、たまりすぎると頭に入らなくなる。そして、いつかは忘れてしまう。

〝アウトプット〟というと、たいそうな感じに聞こえるかもしれないが、ほとんどの人が毎日やっている。「いい天気ですねえ」程度の日常会話などだけだと、あまり情報のアウトプットというレベルにまでは達していないかもしれない。しかし、ブログやSNSをやっていない人でも、現代人は常に自分の考えを文字化するようになっている。

例えば、この本を手にした方ならおそらくほぼすべての人が、1日に何通もメールをやりとりしているはずだ。ほんの十数年前、ネットが普及する前には、毎日他人に手紙を書くなんて人はごくごくまれだった。

しかし今は毎日何通となく、いろいろな人や組織とメールを交わす。考えてみれば、メールというのは表現のエッセンスを詰め込んだようなものだ。事実、要望、冗談、親愛の情等々を文章の中に織り交ぜる。時には絵文字も使いながら感情を表現することもある。

事務的なことだけを淡々と伝達するに留めなければいけないメールもあるが、ビジネス関連のメールであっても、それなりに「雑談」のようなものを入れることはよくある。やりとりしているうちに、単調さを避けるためにその時その時の話題を引用したり、時には政治家の失敗をちょっといじる文章を入れてみる、といったことは誰にでもあるだろう。それによってメールのやりとりがピリッと締まることもあれば、相手との距離を縮められることもある。

「ワールドカップの日本代表は苦戦が続いていますが、私たちは連勝記録を伸ばしたいものですね」程度のことは書いても問題がないだろう（そんな時に、「えっ、ワールドカップって何ですか」と返したら、相手から常識を疑われるだろうから、やはりある程度ニュースを知っておくにこしたことはない）。

私が司会を務めるラジオ番組等では、ゲストにインタビューするケースも多い。ゲストの中には、番組に出てくる前に自分のブログに、「これからＴＯＫＹＯ ＦＭの『タイムライン』に出ますが、なにせラジオに出るのは初めてで、緊張で番組中に失神するかもしれません」などと書き込む人がいる。

しかし実際には、そういう人に限って失神どころか、見事なトークを披露してくれる。昔は本当に本番であがってしまって、どうしようもなくなる人もいたものだが、今はそういう人はいない。アウトプットに慣れているからだ。

拉致被害者家族の方々の話を聞いていると、語り口も内容も洗練されていて、その素晴らしさには感心させられる。何度も人前で喋る中で自然と訓練されたのだろう。あれもまたアウトプットの繰り返しの成果だと言える。

一昔前まで、口下手で力士のような話し方しかできない人が多かったことを考えると、まさに隔世の感がある。そういえば、街頭インタビューなどでも、なめらかに話せる人が増えた、という印象が強い。

毎日ブログを書いているような人は、自分で話題を選び、そのために情報収集し、表現や言葉を考え、文章の長さを加減し……という行為を繰り返しているわけだから、アウトプット力が強くなるのは当然だろう。

おそらく人々は無意識にアウトプットの機会が増えていること、またアウトプット力が自身の評価につながっていることも知っている。だからこそ、寸暇を惜しんでスマホをチェックし、話題のゲームを試し、ＳＮＳにも参加しているのだ。

長くやっているとわかるが、ＳＮＳは「つぶやきの場」であったり「友人との交流の場」であると定義されているものの、実は「知識披露の場」という要素が非常に強いと思っている。

書き込まれた情報について、「私はその問題について、もっといろいろ知っているのに」と思うことがレスの動機になるケースが多いのだ。そして、「この人に何か教えてやらねば」という気持ちになる人もいるだろう。もしくは、そこに参加している人が見逃しているような視点からの突っ込みを入れることもある。

それで書かれた方もまた、刺激を受ける。注意すべきは、自分の意見と合わないからといって、必要以上に反論をしたり、否定をしたりしないこと。意見が合わない人がいるのは当たり前なのだから、「なぜこの人とは意見が合わないのか」「この人の言っていることのほうが正しいということはないのか」と考えればいいだけのことである。

ただ、現在、私はツイッターを使っていない。これは文字数の制限などから誤解を招きやすい、と考えたからである。

アウトプットは情報を捨てること

このようにアウトプットの「機会」は増え続けているが、一つ一つの「量」という点では、まだ足りない人も多いような気がする。SNSやメールの短い文章ではなく、ある程度まとまった長さのアウトプットをしたほうが、より情報に関するスキルアップにつながるだろう、と私は考えている。

ツイッターが登場して持て囃された時には、「140字」という文字数制限のメリットを説く人がいた。それはそれで結構なのだが、やはり短いゆえのデメリットがある。なぜ長い文章が必要か。それは長い文章を書く際には、どうしてもより多くの情報を用いて、さまざまなループを盛り込まないと、整合性のあるものが作れないからだ。

もちろん、ツイッターのつぶやきにおいても、中身も体裁（文章の組み立て、美しさ）も必要ではある。とても気の利いたつぶやきを書く人もいれば、説明が足りないので不要なトラブルを起こす人もいる。短い文章だから易しいということはない。俳句をやってみると、短さゆえの難しさを実感することだろう。しかし、やはり短ければ、そこに盛り込む情報量は自然と少なくなる。だから、さほどの準備は要らないという面があることは否定できない。

しかし、長めの文章（たとえば2000字のもの）では、そうはいかない。

まず読んでもらえるようなタイトルなり導入を考えなくてはいけない。作家の身辺雑記ならいざ知らず、ある程度のデータ（事実）は必要だから、書く前にそれらを揃えておかなければならない。その中でどれを使い、どれを捨てるかも考える。データばかりが詰め込まれた文章は読みづらく、最後まで読んでもらえないかもしれない。私自身、文章を書くときいつも抱くのは、「この事も書きたいけど、それを書くと今日の主張の焦点がぼける」などという思いだ。短い文章でも情報や論理の取捨選択はあるが、長い文章を書くと、よりその必要性が増す。

それらを並べるにあたっては、論理性が必要になる。論理が破綻していては、誰も賛同しないだろう。時には遊びも必要かもしれない。そのためには、本題とは別のジャンルの情報を盛り込む必要もでてくるだろう。

こうして文章を書くことは、そのまま情報を扱うスキルをアップさせるのに、何よりも有効な訓練となる。

毎日何でも幅広く書く

「Day by Day」は原稿料がもらえるわけでもないのに、毎日必ず書くようにしている。とはいえ、毎日長い文章を書けるとは限らない。たった3〜4行という日もある。

それでも、とにかく毎日書く。よく「毎日は大変でしょう」と言われるが、私に言わせれば「毎日書くから書き続けられる」のであって、長く休めば今度は書くきっかけをつかむのが大変になると思う。

そして毎日書くという「大変さ」を凌駕するメリットがある。その時自分が何に注目していたのか、何が実際に起こっていたのか、その時のデータや記事のリンク先はどこだったのか、など多くの情報と事実をネット上に残しておけることである。人は思った以上に忘れっぽい。単なる情報ではなく、その時自分がどう感じていたか、何を思っていたか、といったこともすぐに忘れてしまったり、勝手に記憶を作り変えたりするものだ。自分の行動や思考を辿る必要が生じた時に、ブログは「伊藤洋一専用にカスタマイズしたデータベース」として機能してくれる。

また、毎日書くことは、興味の幅を広げること、固定化しないことにつながっている。毎日読んでくれる読者に面白がってもらえるためには、同じようなことを書いてばかりはいられない。扱うテーマも政治・経済に限定していては、すぐにネタ枯れしてしまう。自然と、いろいろなこと、苦手な分野についてもアンテナを張ることになる。そのおかげで、毎日文章を書いていない人よりもニュースや情報に対する感度が自然と鋭くなるのではないか、と自分で思っている。

感度が鋭くなると、大量の情報に接することが意外なほど楽しくなる。これは食事のことをイメージしていただくと、わかりやすいかもしれない。味覚オンチといわれる人は、何を食べてもあまり感動がないから、どこの店に行っても同じように感じてしまい、当然、食事が楽しみにならない。そういう人にとって食事は、栄養摂取であり、空腹を満たすための行為に過ぎない。

しかし、微妙な違いを味わえるようになると、毎回の食事は楽しくなる。もちろん不味《まず》ければ苦痛だろうが、それもまた面白い経験だと考えればいい。

情報も同じで、アンテナを鋭くし、能動的に取捨選択をして、自分のループに入れることが身についており、さらにアウトプットすることが日常になっていると、それまで以上にニュースなど新しい情報に接することが楽しくなるのだ。なぜなら、その情報の先に、何か新しいアイディアや見方が生まれるかもしれない。自らそれを生み出した時に、快感を覚えるからである。

写真や映像もアウトプットしておく

補足しておくと、近年、「アウトプット」に関連して忘れてはいけないのがビジュアル情報である。先にも述べたように、私は写真や動画をフェイスブックにアップすることがある。

写真のアウトプットは一瞬といってもいいくらいの短い時間でできる。iPhoneで写真を撮って、それをフェイスブックに載せるだけ。コメントを付けるときもあるが、全部やっても時間は1分もかからない。今はどこでも最低3G、多くの場所ではLTEでオンラインになっているからストレスフリーだ。動画はそのままフェイスブックに載せるのは少々面倒だから、ユーチューブに一回投稿をして、そのURLをツイッターやフエイスブックに貼っておくことにしている。

映像は文章でくどくど説明しなければならないこと（景色やその面白み）を、一瞬にして伝えてくれる。当然、面白い写真や動画であれば、大きな反響を呼ぶ時もある。私が今のようにあちこちにカメラを向けるようになったのは、SNSを始めてからだ。今やフェイスブックで、もっとも気軽に発信できるのは写真である。どこかを移動中でも、朝のランニング中でも、面白いモノがあったら写真に撮って、アップする。

もともとは自分の記録用と読者へのサービスのために始めたのだが、ここでもアウトプットの効能は明らかだった。「外の景色、出来事に関心を払う」という意識が以前よりも強くなったので、街を歩く時の感覚が鋭敏になったような気がする。

井戸端会議気分で発信をするな

その昔、といっても10年ほど前だったろうか、「インターネットは便所の落書き」と表現した人がいた。主に「2ちゃんねる」のような掲示板を念頭に置いての表現だと思うが、要するに書いてあることの多くは、どうでもいい思いつき、感想、誹謗中傷で、まともな言論ではない、とその人は考えたのである。私はその時から、この意見には全く賛同してこなかったが、その後このフレーズはあちこちで使われているようなので、「我が意を得たり」という人も多かったのだろう。

ツイッター、フェイスブック、LINEなど次々に台頭してくるSNSとの付き合い方が難しいのも確かである。少しその事に触れたい。

困ったことに、一部には「ネットでは何をしても良い、何を書いても良い。自由だから」といった感覚が今でもあるようだ。

しかし現実にはネットがここまで普及してしまうと、監視人や小姑がどこにでもいる。彼らは迂闊な書き込み、表現を許さない。昔より遥かに恐ろしい世界である。実際にネットならではの事件が数多く起きている。

アルバイト先でのおかしな振る舞いを画像付きでツイートしたことでトラブルに巻き込まれたり、損害賠償を求められたりした、といったケースは後を絶たない。サラダバーから顔を出した、ピザ生地を顔に貼った、牛丼屋でのヌード写真を公開した……。枚挙にいとまがないほど「ネット事件」は起きている。何故か。

昔の井戸端会議は「4、5人の世界」だった。そこで語られたことは仲間内でのみ消化されることが暗黙の了解だった。その4、5人の世界ですら、話題によっては「あの人は外しておこう」ということもありえる。その時には、より親しい2、3人にしか話さないこともあるかもしれない。だから多くの情報がやりとりされることがあっても、そこから世界の問題、日本中が驚く問題に発展することはまずない。

しかしネットの世界は違う。基本は「永久不滅」だ。ネットで発信されたデジタル情報は永遠に残り、決して「なかったこと」にできない。削除したつもりでも、どこかに痕跡は残っている。それなりのスキルのある人が本気で探せば、ツイッター、ブログ、LINE、フェイスブック、ホームページ等々の過去の書き込みは見つかってしまう。

当然、何かのきっかけで昔ながらの「井戸端会議」の参加者数から見れば天文学的に多い人の目に触れることになる。いまだにLINEやフェイスブックは「仲間内限定のツール」と思っている人が多いかもしれないが、それはとんでもない間違いである。「仲間」の一人が「この人はこんな発言をしました」と外に出した段階で、潜在的には何百万、何千万の人がそれを瞬時に目にできるし、かつ半永久的に残る。それが何かのきっかけで「発火」すれば止める手立てはなくなる。

ネットに残したものは、本人の意思と関係なく永久に残る。そして膨大な数の人間が目にするリスクがある――ごく当たり前のことなのだが、困ったことにそれをいまだにわかっていない人が多い。ネットに慣れていない年配者はもちろんだが、若い人でもそのあたりの感覚が鈍い人が多いようだ。だから平気で、異性との際どい写真まで公開してしまうのだろう。

ちなみに、この手の失敗を昔からやっていたのが、政治家である。彼らは「オフレコ」と言っておけば、「仲間だから内緒にしてくれるはず」「皆、冗談半分だと思ってくれる」「真意はわかってくれるはず」と勝手に思っている。しかし、過去の歴史を持ち出すまでもなく、そんなのは勝手な思い込みに過ぎない。

たしかにほとんどの人は「仲間」かもしれないが、一人でも誰かが外に漏らせば、どうしようもない。「公になったのならば、オフレコの意味はない」と他の者たちも思うので、あっという間に問題発言は拡散する。しかも、今は多くの記者がデジタルデバイスをフル活用しているので、音声や映像も流出する可能性すらある。

最近、自民党の若手議員が勉強会で「問題発言」をしたことで騒動が起きた。ああいう人たちはツイッターなどやらないほうがいいのかもしれない。

注目されたい欲求を抑える

「匿名だからツイッターは何を書き込んでも大丈夫」と思っている人がいるかもしれないが、それは大間違いだ。たしかにツイッターは匿名で発信可能だが、そのほとんどのケースにおいて「それが誰か」というのはわかる。なぜなら人間は知らず知らずのうちに過去に書いた文章で「自分の属性」を明らかにしているものだからだ。

例えばホテルのバイトの従業員が、有名人が職場に来た情報を書けば、すぐに素性はわかる。そんな書き込みをするのはバイトの可能性が高いということから、該当者はすぐに絞られる。さらに書き込みはそれだけではないから、その人の過去の書き込みを見れば、その人の趣味もわかるし、その人のフォロワーを見れば「属性」を明かしている人もいるから、すぐに人間関係もわかる。ホテルの名前を明らかにしているケースは一発だが、フォロー関係を探っていけばその人が「誰か」などすぐわかる筈だ。

ネットの世界には〝匿名〟は存在しない――そう覚悟しておく必要がある。ネットを使っている人は実はすべて「実名」で発信しているのと同じである。そもそも「何かを発信する」ということには、どこかに「自己顕示の意欲」がある。自分の考えを知ってもらいたいとか、自分はこの問題についてこう思う、とか。それは決して悪いことではない。

そして匿名であれ発信を始めると、大なり小なり「注目されたい」という気持ちが参加者に起きる。ツイッターで自分のフォロワーが4人だったとする。その数字に満足する人は、そもそもツイッターを始めない。ほぼ100％の人が心の底で「増やしたい」という願望を持つ。「自分は、こんな事も知っているんだよ」という自慢したい気分でツイッターの書き込みをしている人も多いだろう。

「注目されたい」「自慢したい」が無理のないかたちで進行しているうちはいいが、しばらくすると「もっと自分は注目されて良いのではないか」と考えるようになる。社会で注目されている人も、注目されていない人もそう考えるケースが多い。

そこでつい、「注目される発信」「注目される写真や動画」をアップしてしまう。「珍しいこと」「異常なこと」「世の中から非難されるかもしれないこと」とエスカレートする。アルバイトのバカな行動も、「注目されたい」という気持ちのあらわれである。しかし、その軽はずみな行動一つで、ネット上のさらし者になり、バイト先からは解雇され、店も代償を支払うことになる。昔は、ちょっとしたいたずらで済んだことが、今は簡単に社会問題になる。ネット社会のなせる業だ。

そういう意味では、「ネットは自由な空間」と考えるのは間違っている。たしかに〝自由〟な面はある。しかし現代における最大のメディアになったネット（ＳＮＳも含まれる）は、ある意味「限りなく不自由な世界」でもあるのだ。

「昼の常識」が働かない危険を自覚する

すでに述べたようにアウトプットには十分なメリットがある。しかし、ここに触れたようにネット特有の厄介な問題もある。どうバランスを取るか。

さすがに本書の読者には職場での不適切な行動の写真を公開するような馬鹿はいないと思うが、普通に情報発信しても、つい不用意な表現を用いてしまったり、不正確な情報を流してしまったりすることはあるかもしれない。

その防止策をどうするか。「夜中の手紙を出さない」というのを私は一つのルールとしている。

子供の頃よく母親に、「夜中に書いた手紙はそのまま出すな」と言われたものである。その時には半ば聞き流していたが、大人になってからその意味がよく分かった。夜は自分の部屋に入るから、多くの場合は一人である。夜には普通の人でも〝想像〟、場合によっては〝妄想〟もしくは〝思い込み〟が広がる。母が言っていたのは、「そんな精神状態で書いた手紙は、どこかおかしいから気をつけて翌朝お日様の下で読み直して出しなさい」ということである。その言葉はずっと頭に残っている。

多くの人にとって、発信の余裕があるのは夜だろう。ＬＩＮＥであれ、ツイッターであれ、ブログであれ、フェイスブックであれ、授業中や勤務中ではなく、すべてが終わった夜に書くことが多い。

それは仕方がないにしても、「夜は妄想が広がりやすい」ということについて常に自覚的であったほうがいいように思う。

ＳＮＳでは読み直すどころか、書き込んですぐに「送信」をしてしまうことも珍しくない。母が見たら気絶しそうなことを私も含めた、多くの現代人がし続けている。酔った勢いの過ちが「永久不滅」になることだってある。実に実に恐ろしい世界なのだ。

だからこそ「夜の発信」は、「危険がいっぱい」であることを認識して、文章を読み返すなどして慎重を期すべきだと思う。最近では役所で役職にある人が不用意な発言をして職を失うこともある。これも「夜の不用意な書き込み」が原因になっている場合が多いのではないか、と思う。酔って発信するのはもっと危険だ。

車を運転するにあたっては運転免許証取得が義務づけられているのと同じように、本来は、ネットに関しても一定の教育を受けることを必須としたほうがいいのではないか、と思うこともある。

「論理よりも言葉」に気をつけ「流す勇気」を持つ

また、「論理よりも言葉に気をつける」ということも肝に銘じている。文章を長く書いてきて得た経験則は、「読み手は論理にはあまり反応しないが、〝言葉〟には非常に強く反応する」ということである。

我々の日常会話でもそうだ。許せない言葉というのは思い当たるのだが、許せない論理というのはあまりない。人間の感情は明らかに〝言葉〟に対して強く反応する。「言いたいことはわかるけど、あんな物言いはないじゃないか」

こんなふうに感じたことがない人はいないだろう。

特にネットでの言論においては、ちょっとした物言い、言葉が「発火点」となって「炎上」することが多い。炎上を起こして注目を集めたいのならば話は別だが、基本的にそういう事態は避けたほうがいいのは言うまでもない。

また、文章や発言は、引用者によって恣意的に編集される、ということも常に意識する必要がある。もともとメディアは、見出しにして「おいしい」と思うフレーズや単語をピックアップして大げさに伝える癖があるものだが、ネット時代にはその伝達のスピードや拡散の規模が以前とは比べ物にならなくなっている。さらに、かつては有名人でなければ、発言が広められることもなかったのに、今では〝匿名〟の発言者であっても、問題発言がもとで炎上することがある。

ネット上に発信する際には、「想像を絶する数の人が潜在的には視聴者である」という認識を持つ必要があると思う。

〝潜在的には〟とわざわざ書いたのは、SNSでは見る人の数は予測ができないからだ。1から数千万まで限りがない。現実の世界では、とてつもなく売れた本でも数百万部だ。かつ、そのうちのかなりの部分は「積ん読」に回っていると言われる。しかしネットは細切れに情報が伝わるから、「(問題となった)その部分(文章であれ、写真であれ)」に触れた人の数は劇的に増える。まずは、その事をいつも頭の片隅に置くことだ。

補足しておけば、情報の受け手側としては、「問題発言」「注目発言」が話題になっている時には、そのワンフレーズを見て考えるのではなく、全文に当たる習慣をつけておいたほうがいい。探せば大抵ネットのどこかにあるはずなので、それを見ておくのだ。騒いでいる人と一緒に憤ったりしても何の意味もない。発言者の「真意」を知っておくに越したことはない。

もう一つ、重要なのは、「流す勇気」だろう。

SNSも各メディアによって特性があるとはいえ、フェイスブックも基本的には「つぶやき」の延長線上だと思っている。そこからコミュニケーションがスタートするケースもあるが、勝手に「書きたいから書いている」という感覚だ。そして他の人も恐らくそうだろう、と思うようにしている。

だから、たくさんレスポンスをいただいたとしても、基本的に一つ一つに丁寧に返答するようなことはしていない。多くの場合、いろいろな書き込みに対して、基本的には流させてもらうようにしている。

「炎上」にはいろいろなタイプがあると聞いているが、やりとりの中で相互に感情が高まってしまうケースも多い。なまじ反応をするから、相手がよりエスカレートしてしまい、さらにこちらもまた、それに引きずられてしまう。

ネットで書くことは、基本的には「個人のつぶやき」であるという認識は常に頭の片隅に置いておきたい。反応が多くても、「いいね！」をたくさんもらえても、実生活には影響はない。

いくらオバマ大統領がツイッター好きだといっても、私のレスに返事はくれないだろうし、私もそんなことは期待しない。もっと身近な人が相手でも同様である。そのくらいの心構えでいないとストレスが増えるだけである。

おわりに――よそ者の視点を持とう

ここまで情報に関する私見を述べてきた。仕入れ方、捨て方、出し方等々。お付き合いくださった中には、「面倒くさいなあ」と思った方もいらっしゃるかもしれない。本書の担当編集者（20代女性）からは、前章までを執筆したところで、こんな素朴な疑問をぶつけられた。

「伊藤さんの流儀はわかるんですが、そもそもそんなに情報って必要なんでしょうか？伊藤さんはいわば情報を仕入れて、加工して、発信することが仕事だから必要だということになるのでしょうが、一般の人にとってはどうなんでしょう？」

このような疑問を口にする人は珍しくないように思う。疑問というよりも、本音は「情報が多すぎて、もううんざりだ」というところだろう。担当編集者も、毎日のように原稿や資料を読むうちに、嫌気がさしてきたのかもしれない。

似たような立場からの発言では、次のようなものもあるだろう。

「仕事に必要な情報だけきちんと取れればいい。それ以上に手を広げても疲れるだけだ」

ここからも「うんざり」という気持ちが伝わってくる。

そういう人たちから見れば、四六時中、情報を取り入れることを意識していて、午前3時に目を覚ましてニュースのチェックまでしている私のような人間は異常者に思えるのかもしれない。

しかし、本当にそうなのだろうか。

本書を締めくくるにあたって、「情報は必要なのか」という「そもそも論」を述べてみたい。

結論を簡単に述べれば、私たちは情報を意識して摂取し続ける必要がある。

それは「快感の極大化」と「リスクの極小化」のためである。

このように言うと堅苦しく思われるかもしれないので、少し身近な話から説明してみたい。

まず、「そもそもそんなに必要か」ということについて。

私は、こういう疑問を抱く人は、情報というものをとても狭く捉えているような気がしてならない。新聞やテレビ、書籍など「商品化された情報」のみを情報だと考えてはいないだろうか。

本書で繰り返し述べてきた通り、私は思考のループ作りにおいて、自分自身の目や耳を重視するようにしている。誰かによるパッケージング済みの「商品化された情報」のみに頼らない。タクシーの運転手さんの話、友人の話、仕事仲間の話、旅先で見た光景、ランニング中に公園で聞いた鳥の鳴き声等々、すべてが意味のある情報となりえる。

これはどんな立場の人でも同じである。専業主婦で、新聞は読まない、ニュースは見ない、ただ韓流ドラマと関連の話題しか興味がない、という女性がいるとする。彼女は「韓流関連情報」以外は仕入れていないだろうか。そんなことはない。

専業主婦だということは、家族の食事のためにスーパーには行っているだろう。スーパーに行けば、嫌でも野菜の「品質」や「価格」について考えることになる。言うまでもなく、それらは彼女の生活に密着した情報である。

夏にホウレン草を買おうとしたら高かった。なぜこの時期、ホウレン草は高いのか。高くても買ったほうがいいのか。もう少し安くなってから買えばいいのか。

こうしたことを考える上では、ホウレン草の旬がいつか、価格の変動はどうなっているのか、といった情報が必要となる。

彼女が経験のある専業主婦であれば、「夏場のホウレン草は高い割には栄養価が低く、味もよくない」といったことを知っているかもしれない。それによって、同じ野菜ならば別のものを買おう、と判断することができる。

韓流ドラマだって、本気で楽しむには予備知識があったほうがいいだろう。現代モノならば現在の韓国の社会状況、歴史モノならば当時の歴史を知っていたほうが、ぐんと面白くなるはずだ。

もちろん、「お金はいくらでもあるから、野菜の値段なんか気にしなくてもいい」「韓流ドラマはイケメンを見たいだけで、ストーリーやその歴史的背景なんてどうでもいい」、だからやっぱり情報なんていらない、お勉強なんて嫌だ、という人がいてもいい。個人の自由である。

しかし、本当にそれで人生面白いのだろうか。目にする、耳にするあらゆることについて、浅く、通り一遍の理解しかできないのは、実にもったいないことだと私は思う。人生を楽しむことを放棄しているのと同じじゃないか、と思うのだ。

このように考えていくと、前述の「必要なことだけ知っていればいい」という意見(不満？)に対する反論は簡単である。

人は、事前にその情報が自分にとって必要かどうかはわからないのだ。ホウレン草の旬についての情報も、韓国の歴史についての情報も、「必要だから」と思って前もって仕入れておくものではない。日々暮らしていく中で、いつの間にか頭に入ったり、ドラマを楽しんでいるうちに学習して興味が湧いてきたりしたものである。

どのような分野でも、一流とされる人は「専門バカ」ではなくて、幅広い知識を持っている場合が多い。農家だからといって、作物のことだけ知っておけばいいということはない。天気が重要だから、気象学についての知識もあるし、肥料に関連して化学の知識もある。販売をする上でネットについての知識も必要だろう。

私がよく行く大阪の料理屋の店主は学歴こそ中卒だが、あらゆることに造詣が深い。食材についての説明ができるのは当然としても、さまざまなハイテク機器も使いこなし、世界情勢についてもフォローをしている。

もちろん明らかに不要だろうな、と思う情報はある。すでに述べたように、そうした情報を排除することも大切だ。

しかし、意識的にすべてを「必要」「不必要」にわけることは無理であるし、そのような作業には積極的な意味がない。あまり最初から「必要」なものを限定的に決めてしまわないほうがいい。

これは特にビジネスのことを考えればわかりやすい。新しいアイディアを求めていない職場は、ほとんどない。では、その新しいアイディアはどこから生まれるのか。

多くの人が指摘するように、既存のアイディアの組み合わせという場合がほとんどである。特に現代のように技術が進歩した時代においては、「まったくゼロから新しいものが生まれてくる」ということは滅多にない。革命的と思われる商品であっても、既存のアイディア、技術の組み合わせによって作られるのが通常である。

では、どのようなアイディアを事前に仕入れておけば、新しいアイディアが生まれるのか。当然ながら、そんなことはわかるはずがない。そんなものが判明している時点で、新しいアイディアの土壌作りに失敗しているも同然だ。事前に必要かどうかわからない、というのはそういうことである。

「必要なことだけ仕入れておけばいい」と考える人は、実は新しいことを考えるタネを自ら捨てているようなものだと思う。

このように、日々の生活を面白くし、目にするもの、耳にするものの味わいを深め、そして新しいことを考える上で情報は多くあったほうがいい。これが「快感の極大化」である。

もう一つの「リスクの極小化」については、あまり説明は要らないだろう。日々暮らしていく中で、さまざまな危険に遭遇するリスクは常にある。

振り込め詐欺、インチキ投資話、怪しい医学情報などは、その代表例だろう。

「年利50％のお得な金融商品があります」

こんな言葉に騙されないためには、金利の相場という情報を知っておかなくてはならない。

「あなたにだけお得な耳よりの話が」

そんな話を「私にだけ」教える親切な人は世の中にはいない、という情報を頭に叩き込んでいないから、多くのお年寄りは騙される。

福島第一原発事故が起きた時には、「福島県内どころか、東北全域、関東も危ない」という情報をもとに、遠方まで避難した人がいた。発生当初であれば仕方のない面もあったろうが、実際にはそこまでする必要がなかった、というのが現在、大方の認識だろう。では、どの段階で避難を止めればよいのか。これはその人の価値観とも関わる話なので難しいけれども、判断を下す上で、正確な情報が必要なのは間違いない。

私たちが平穏な日々を送るためには、一定の情報を仕入れて「リスクの極小化」に役立てることが必要なのである。

安倍政権が「地方創生」を政策の一つの柱としていることもあり、地方の町おこしの成功例が取り上げられる機会が増えた。そういう際に、よく言われるのが「若者」「馬鹿者」「よそ者」が町おこしには必要だ、という話である。

このうち若者、馬鹿者はエネルギーをもたらす存在で、よそ者は地元の人にはない視点をもたらす存在である。地元の人が「当たり前」「ありふれている」と思うようなモノ、コトに対して「これは面白い」「これは売りになる」といった指摘ができるのが、よそ者だ。

情報に鋭敏になるということは、常によそ者の感覚を持つということかもしれない。

何かを聞いた時に、「そんなの知っている」「それは俺に関係ない」で済ませてしまうのでは、新しい発見も発想もない。これは古いループに拘泥し続ける姿勢である。

情報は受け手の意識によって、いくらでも新鮮で刺激的になる。

常に見ている街の光景であっても、「定点観測」という意識を持って捉えれば、見方が変わるはずだ。その時、あなたは単なる地元の人ではなく、社会学者やマーケッターの目を持つことになる。

「情報の拾い方」でも触れたが、通勤電車の中でも同じことだ。「今日は女性のファッションをチェックしてみよう」「今日は男性の靴をチェックしてみよう」と意識を持つだけで、車内の光景は違って見えてくる。

よそ者の視点、観察者の視点を意識すれば、日常生活は確実に面白くなる。

もちろん対象は人工物に限らない。自然に対しても知識が蓄積され、情報への感度を磨いていたほうが、「快楽」は大きくなるはずだ。

教育関連以外の一般の社会人が鳥や花、虫などの名前を知っていても多分得はしない。

しかし、知らない人よりも外を歩くことが楽しくなるだろう。

ああ、もうこの花が咲いたのか、今年は早いなあと思うことで季節を感じることができる。「何だかよくわからないピンクの花が咲きはじめたなあ」と思う人と、「ソメイヨシノがもう咲き始めたか」と思う人とで比べた場合、前者が新鮮な感動を味わっている可能性もゼロではないだろうが、後者のほうが春が訪れた喜びを感じることができるというものだ。

私は、近頃よく明治神宮に出向く。信心深いからではない。朝のランニングコースに組み込んでいるのだ。目当ては、神宮の森にいるという大鷹と狸である。一度でいいから、この目で見てみたいのだ。

別に見たからどうってことないのかもしれない。しかし、東京のド真ん中で大鷹や狸を見たらさぞかし愉快だろう、と思っている。その刺激は私にきっと新たなループをもたらしてくれるはずだ。

最後に、『赤毛のアン』（モンゴメリ著　村岡花子訳　新潮文庫）で、アンが発した言葉をご紹介して、筆を擱《お》くこととしよう。

「これから発見することがたくさんあるって、すてきだと思わない？　あたししみじみ生きているのがうれしいわ——世界って、とてもおもしろいところですもの。もし何もかも知っていることばかりだったら、半分もおもしろくないわ」

伊藤洋一　1950（昭和25）年長野県生まれ。三井住友トラスト基礎研究所主席研究員。早稲田大学政治経済学部卒業。著書に『ほんとうはすごい！日本の産業力』など。

Ⓢ新潮新書

657

情報《じょうほう》の強者《きょうしゃ》

著　者　伊藤洋一《いとうよういち》

2016年２月20日　発行

発行者　佐　藤　隆　信

発行所　株式会社新潮社

〒162-8711　東京都新宿区矢来町71番地
編集部(03)3266-5430　読者係(03)3266-5111
http://www.shinchosha.co.jp

印刷所　二光印刷株式会社

製本所　株式会社大進堂

ISBN978-4-10-610657-6　C0236

価格はカバーに表示してあります。